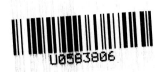

An Inquiry into Organizational Market of Incentive Travel: A Case Study of Guangzhou

广州大学·青年博士学术文库

奖励旅游组织市场探究

以广州为例

李晓莉◎著

社会科学文献出版社
SOCIAL SCIENCES ACADEMIC PRESS (CHINA)

序　言

保继刚

“一个尴尬的判断：我们走了很久，好像又回到了原点。”

2003 年，在南京大学召开了第一次人文地理沙龙，主要参会者是 20 世纪 80 年代培养起来的中青年人文地理学者，会议的主题是人文地理学术研究与实践规划的关系，也就是今天讲的大学的三项任务（科学研究、国家需求、地方经济发展）之间的关系。大家已经意识到，在国家经济高速发展阶段地理学的应用性特点得到了极大的体现，从国家、省、市到县的规划咨询任务让地理学者应接不暇，而学术研究则因投入精力不足和评价体系偏颇而不受重视。之后，做了多届人文地理沙龙，并在商务印书馆出版了以沙龙讨论内容为主的《地理学评论》，对这个时期的人文地理学发展起到了重要导向作用。

10 多年后，人文地理学者在中国的社会转型期又在讨论学术研究和社会服务之间的关系，并出现了学科焦虑，学术研究和社会服务，两者本无矛盾，相辅相成，为什么在人文地理好像成了问题？

旅游地理学研究者参加旅游学术圈的活动反而没有这方面的困扰，这可能与专门化的旅游咨询规划公司发展很快有关系。国家旅游局 2003 年颁发了第一批旅游规划资质，申请时明确规定必须是企业法人，大学法人不能申请。制度设计的结果，市场化的规划咨询公司发展很快，大学教师中参与规划设计的多不作为主业，而是不断地接受研究与规划不同的观念，相当一部分高校教师以研究为主业。

研究的唯一目的是发现，下面这段话表达得非常清晰：The aim is to make known something previously unknown to human beings. It is to advance human knowledge, to make it more certain or better fitting ...The aim is ...discovery。从这个意义上讲，今天重谈研究与规划（社会服务）并不多余。

李晓莉博士在从教 10 多年后考入中山大学攻读博士学位，她们这批工作多年，为人母为人妻，还有在职工作任务的女博士面临的困难是直接从学校到学校攻读学位的同学难以想象的。

除了兼顾家庭和工作，要占用不少精力和时间，更大的挑战是要改变已经习以为常的研究思维定式，我们很多研究生过去所受的教育，对什么是研究、什么是规划往往分不清，改变一种思维定式难于重新学习一种思想。欣喜的是，晓莉做到了。真的不容易，就像她在博士学位论文后记中说的："研究的过程是辛苦的。三年来，我从不敢懈怠，放弃了家庭及单位组织的所有娱乐活动，辞去了系主任的工作和教学以外的所有工作，将教学工作量降到规定的最低限度，因为我深知重返校园机会的宝贵和保持一份平静的研究心态的重要性。调研中，约好的访谈常因为受访者的临时'会议'而让我'有时间'在街头闲逛上一两个小时；企业调研期间一个多星期的'冷板凳'也让我做好了调整心态的充分准备；资料整理与分析过程更是让我殚精竭虑；在论文写作的三个月中，脊柱、肩颈也多次发出了严重警示。每当回想起这些，留在心中的只有收获、充实和淡淡的释然。"在此，想借这篇序，表达我对这批妈妈博士的敬意，你们付出了比别人更多的努力才能达到今天的成就。

晓莉研究的奖励旅游在国内是一个新的且敏感的研究领域。西方背景下对企业 ROI（投资回报率 Return on Investment）的关注，对奖励旅游社会意义的关注等都无法在国内奖励旅游实践中找到研究的基础，这增加了研究的难度，也注定了如果做出来就是一项在某种意义上填补国内空白的工作。

晓莉以她的博士学位论文为基础整理成书，该书以广州为例，描述并解释了我国奖励旅游组织市场的特征、问题并提出了思考。主要的学术贡献有以下几个方面。

（1）划分出了我国奖励旅游需求市场的三种类型：基于业绩型的奖励旅游、基于奖励性质的商务旅游和基于福利型的奖励旅游，并分析了差异，发现奖励旅游已不再是一种简单的组织管理工具，而是一种附加了社会价值观与企业文化的复合体。

（2）解释了奖励旅游供应方市场——旅行社创新动力不足的原因：一方面受自身结构变革阻力、销售资源内部化、技术落后的制约；另一方面，作为中间商与各供应主体的交易环境动态变化，“关系契约”特征明显，既有长期合作关系的倾向又面临许多机会主义问题的诱惑，指出基于战略层面的结构变革、资源整合与技术改造是供应方经营商务会奖产品、提升专业化经营水平的关键。

（3）验证了奖励旅游消费者市场的三种类型：工作交流、旅游观光与体验尊贵在使用奖励旅游效果方面的差异性，发现具有工作交流与体验尊贵动机的奖励旅游者，对工作积极性的影响表现出强相关性，因此归属感与被提高了的社会关注度成为行程中重要的影响因素，对需求方如何科学使用这种管理方法具有重要的启示意义。

我在给另一名博士陈钢华的书序中写过一段话，“中国正在从旅游大国向旅游强国转变，旅游学术研究也要从旅游发表论文

（数量）大国向论文强国（质量）转变。我们不仅要对世界旅游学术界提供有知识贡献的研究成果，也要对其他学科有知识溢出”。

博士学位论文是知识创新的重要力量！

希望有越来越多的对研究有深刻领悟、对学术有敬畏、对知识有贡献的博士进入高校，教好下一代。

保继刚

2016 年 5 月 27 日于康乐园

Contents

目录

第一章 绪论

第一节 研究背景

一 中国商务会奖市场繁荣，提供了研究的产业支撑

进入21世纪，随着中国GDP的持续增长，经济一体化程度的深化及国际交往的日益频繁，中国的商务会奖旅游面临着前所未有的巨大的发展空间，这背后预示着旺盛的需求潜力，同时也给经营者带来了挑战和机遇。一批技术先进、实力雄厚、品牌优质的外资旅行社如美国运通、德国途易（TUI）、美国罗森柏斯集团等先后与中国国旅、中旅、康辉成立了合资旅行社，定位全部在中国的高端商务会奖市场。2011年5月，作为旅行社最后一块保护领域的“中国公民出境游”市场也呈现了开放的趋势，国家旅游局在提出申请的14家中外合资旅行社中确定了第一批试点经营中国公民出境旅游业务的3家（中旅途易旅游有限公司、国旅运通旅行社有限公司、交通公社新纪元国际旅行社有限公司）。[①]

国内旅行社近年来传统旅游市场经营利润的持续不景气，连续

---

① 资料来源：新华网 http：//news. xinhuanet. com/local/2011 -05/23/c_ 121449063. htm. 2011 -5 -23。

数年行业利润率维持在2%左右的事实加剧了其向商务旅游市场转型的期望。国、中、青和广之旅等旅行社先后涉足商务会奖业务，可以肯定的是商务会奖市场将成为中国旅游企业未来几年竞相角逐的“热点”，为研究提供了广阔的产业发展支撑。

二　旅游福利化倾向，催生企业奖励旅游需求

2008年国务院正式颁布实施《职工带薪年休假条例》；2009年12月，国务院发布《关于加快发展旅游业的意见》，提出要把旅游业培育成国民经济的战略支柱产业和人民群众更加满意的现代服务业[①]；2008年广东省《关于加快我省旅游业改革与发展建设旅游强省的决定》正式出台，《决定》首次鼓励企事业单位开展奖励旅游、福利旅游；机关、企业、事业单位和社会团体经审批获准的公务活动，可以委托旅行社安排交通、住宿、餐饮、会务等事项；并且奖励旅游、福利旅游可列入企业成本核算并免税。[②]

尽管这些政策的出台是2008年金融危机后，在拉动内需、促进消费的背景下提出的，但旅游的社会功能与产业地位得到了史无前例的提升，旅游在解决社会重大问题中的作用引起关注。

马尼拉《世界旅游宣言》曾明确指出：“发展旅游的根本目的是提高生活质量并为所有的人创造更好的生活条件。”（杨军，2007）旅游发展的福利特征将越来越明显，社会的进步就是人类福利空间不断扩大的过程。

在此背景下，将催生企业对旅游价值的重新认识，如何发

---

① 资料来源：http：//www.cnta.com/html/2009－12/2009－12－28－13－25－16155.html。

② 资料来源：http：//www.gov.cn/gzdt/2008－12/15/content_1178202.htm。

挥旅游在人力资源管理与福利创新中的作用，如何体现企业更多的人文关怀，科学理性的旅游消费对企业具有深远的战略意义。

中华英才网2007年对数百名在职人员进行的一项有关“非经济性福利”政策中企业奖励的调研结果显示：在众多福利机制中，大多数员工都希望企业推行奖励旅游机制。其中意愿最为强烈的前几类为合资企业、外资企业和私企，分别占到相应受访人群的91.67%、82.50%和76.47%。[①]

在CIBTM2010中国及亚洲会奖行业调查报告中显示：60%的受调查企业买家组织了奖励旅游活动，40%的买家组织了员工培训与激励活动，活动的持续时间也由2009年的4.4天增长到5.5天。在对活动数量是否会增加的地区进行预测时则得到如下结果：会增加的比例在国内外占绝大比例。（励展旅游展览集团，2010）

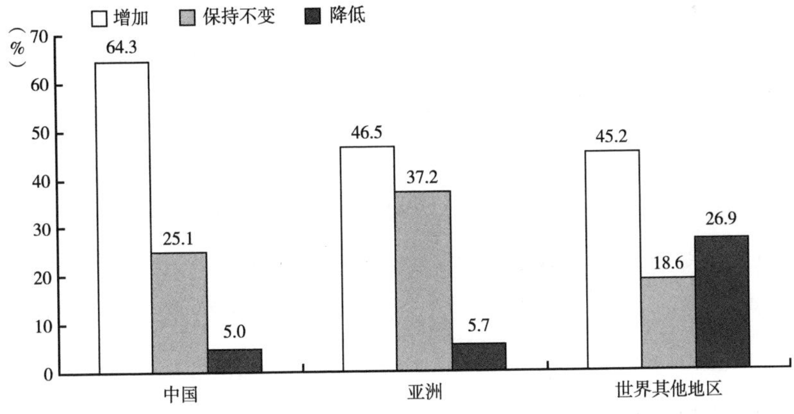

图1-1　中国及亚洲企业组织活动情况（2010）

① 企业非经济性福利调查：员工最爱旅游奖励 http：//www.cnta.gov.cn/html/2008-6/2008-6-2-14-43-12-14949.html。

三 中西方奖励旅游发展差异性，需要本土化研究

1. 发展理念差异

古罗马时期军队胜利后的游行可看作是最早意义上的带有奖励意味的旅行活动；工业革命时期，欧洲大量管理者因业绩好而享受公司提供的假期，将其使用到普通员工则起源于美国。1916 年，美国国家现金出纳公司组织了 100 多名达到销售额度的员工赴公司总部的旅游，这在当时“一战”后商务旅游还不普遍的情况下是一种不平常的举动，开创了奖励旅游商业化的先河。（罗伯·戴维森，比优拉·库配，2006）

中国奖励旅游的发端可追溯到 20 世纪五六十年代产生于政府及国有大中型企业兴办的疗养院中所进行的休假疗养活动。参加人员绝大多数来自政府机关和国有大中型企业，费用由政府和企业承担，作为单位的一种福利形式而存在。20 世纪 90 年代初期亚洲经济迅速发展，周边城市曼谷、新加坡及中国香港地区陆续成为欧美新兴的奖励旅游目的地，同时随着中国改革开放推进及大量外资企业的涌入，欧美盛行的奖励旅游理念开始在中国传播，使用范围才逐步由政府机关向企业扩展。1993 年我国国家旅游局国际会议司成立后，奖励旅游的概念便开始出现于媒体报道中并受到部分企业的重视。因此，严格意义上讲，我国的奖励旅游发展还不足 20 年。（高静，2004）

2. 认知程度差异

西方社会认知度高，美国旅行社协会（US Travel Association）2009 年的一份调查报告中指出，80% 的公司行政人员认为奖励旅游对员工士气与满意度有积极的影响，70% 的人认为奖励旅游对员工绩效有实质性的影响；同时指出奖励旅游的投资收益率（ROI）为 4∶1，即投入

1 美元，会产生 4 美元的回报（USA，O E，2005）；奖励旅游国际经理人协会（SITE）2010 年度的经营报告中进一步证实了旅游类的奖励与现金、商品相比在效果方面具有绝对优势，分别有 35%、44% 的受调查人员认为旅游较现金、商品具有极强的优势；而只有 4%、1% 的受调查人员认为相反。（Foundation，S I，2010）

在美国，目前已有 50% 的企业采用奖励旅游的方式；同样在英国商业组织的资金中，有 2/5 是以奖励旅游的方式支付给员工的；在法国和德国，一半以上资金也是通过奖励旅游支付给员工的。（王缇萦，2007）

西方奖励旅游自产生起就作为一种管理工具，发挥其激励功能与社会功能，一方面，奖励旅游作用于获奖者，因能使其产生积极的心理体验而使其先进的思想得到强化激励；另一方面，奖励旅游作用于周围的人，因其所宣扬的价值观可演化成企业或社会共同认可的行为规范，从而产生了对社会的示范功能；人类社会的共同劳动是永不停止的，那么社会竞赛现象，也就不会消失；而基于竞赛的奖励也就万世永存。

中国的奖励旅游因其脱胎于政府机关部门的疗养活动，在“公费旅游”“官方旅游”等负面影响下，变得十分敏感，使用并不广泛，在整个市场中，外资及中外合资企业使用较多，大约占 65%，民企及国企则占到 35%、5%。（陶健，2003）

在中国，奖励旅游作为一种组织购买行为，其性质已超越了西方奖励旅游作为管理工具的范畴，更多是与企业激励机制、国家政策相关的一种企业行为，甚至是一种调整企业社会关系的手段，认知差异使奖励旅游的本土化研究显得必要。（张广瑞，2007）

3. 发展阶段差异

在欧美等国家，奖励旅游历经一个世纪的发展已形成了完善的产业分工体系如表 1 - 1。从全方位的奖励营销公司到提供单项服务的旅游零售代理商，职能分工明确；而发达的目的地管理公司（DMC）、专业的会议策划组织（PCO）及会议旅游局（CVB）在目的地营销、信息咨询、行业规范制定等方面起到了重要的辅助作用。目前我国奖励旅游的发展还处于“导入期”，作为市场经济主体的企业一方面进行着丰富的商务交往活动；另一方面又处于中国市场经济体制不健全，发展区域不平衡、行业规范不完善等宏观背景下，无论在产业政策、运作模式、思维观念等方面都有自己的“特色”，更加丰富了实践的本土化特色。

表 1 - 1　国外奖励旅游供给体系分工一览

机构类型	主要职能
全方位服务奖励营销公司（Full service incentive marketing company）	负责奖励旅游与商品奖励的全方位服务
提供全套奖励旅游服务的公司（Incentive House）	负责奖励旅游的全方位服务
提供有限奖励旅游服务的公司（Incentive travel fulfillment House）	负责有限的奖励旅游服务
旅行社分支机构提供奖励旅服务（Travel agencies with an incentive division）	只提供奖励旅游活动，不负责销售业务
旅游零售代理商（Retail travel agencies）	提供单项的奖励旅游安排

资料来源：Petter R. Ricci& Holland，S. M. Incentive Travel Recreation as a Motivational Medium［J］. Tourism Management，1992，September：288 - 296。

4. 专业化运作水平差异

欧美国家奖励旅游的使用目的很丰富、明确，从顾客推动、经销商激励、销售业绩促进到员工认知提升等都有详细的分类并辅以个性化的方案策划；在效果评估上更审慎，从销售额的增加、销售成本的控制、投资收益率（ROI）的多少到市场份额的增加等都有不同的衡量体系；电子商务技术的使用则极大地丰富了奖励旅游的产品创新、管理效率与吸引力。我国奖励旅游的运作绝大部分仍属于传统观光旅游的层面，专业化程度低。

中西方奖励旅游发展的上述差异，表明若只聚集于西方流行的研究主题，而忽略在中国特定的政治、法律、文化与经济环境下的特殊性，势必承担一定的风险，因此，情境化是在中国本土进行研究的关键要素。（Ofori-Dankwa，J and Ricks，D A，2000）

第二节 问题提出

在当今中国发展的进程中，奖励旅游面临良好的经济环境，将会有越来越多的企业尝试将旅游作为组织管理的手段，但起源于西方的奖励旅游在中国企业组织文化与市场经济环境下是否有效？现阶段奖励旅游组织市场的基本特征是什么？制约其发展的因素有哪些？如何科学使用奖励旅游以发挥其管理功能为社会进步发挥作用？具体分解为以下几个问题。

（1）基于组织购买方。

购买方对奖励旅游的认知是什么？类型、特征如何？影响其购买的因素是什么？组织购买的行为特征是什么？如何看待使用奖励旅游的成本收益之间的关系？

（2）基于市场供给方。

组织市场中供给方的类型、特征与发育程度？供给的有效性如何？经营过程中有何特征？制约其发展的因素是什么？

（3）基于奖励旅游者。

奖励旅游者对使用效果的评价如何？影响其感知效果的因素有哪些？对企业购买方与供给方有何借鉴意义？

（4）基于组织市场。

奖励旅游组织市场与其他组织市场有何不同？有哪些基本规律？在当今情况下如何发展，培育机制是什么？

第三节 研究目标与意义

科学的目标是对现象寻求理解、解释并且预测，以便通过政策决策，使知识能被用于控制或改变这些现象。（诺曼·K. 邓津、伊冯娜·S. 林肯，2007）

（1）本研究目标如下：

首先，在调查奖励旅游市场现状的基础上，客观描述其种类、特征，旨在分析中国奖励旅游的特色，为进一步研究做准备；

其次，以奖励旅游组织市场主体为对象，解释其行为特征与关系结合方式，力图发现制约发展的关键环节，为奖励旅游产业发展提供理论指导；

最后，探索性分析奖励旅游效果与感知，验证其有效性，对奖励旅游实施提供核心启示，在上述基础上，对市场培育的机制、途径提出探讨与思考。

（2）本选题具有如下理论和现实意义：

首先，当今社会人力资源是制约组织发展的核心资源，而激励手段的创新是组织管理永恒的话题，旅游作为组织激励方式其有效性在西方近一个世纪的发展中已得到了证实，中国经历了改革开放30多年的发展，如何正确认识旅游的价值，科学利用旅游作为组织管理的工具？本研究将具有重要的借鉴意义。

其次，奖励旅游以组织为购买主体，是面向生产者服务的具有再生产意义的产业形态，不同于面向大众旅游者的观光旅游，旅行社如何实现在产品开发、营销管理、运作模式方面的转变，在商务会奖励市场中占据应有的地位，为克服长期以来的经营利润不景气提供发展思路。

最后，国内外奖励旅游实践的发展领先于理论的探索，在中国背景下更为突出。本研究将进一步丰富在此领域的研究内容，弥补在理论与实证方面研究的欠缺，为具有良好发展潜力的奖励旅游产业的发展提供理论依据与实践经验。

第二章 文献述评

第一节 相关概念的界定

一 商务旅游（Business Tourism）

Jafari（2000）对商务旅游做出了如下定义："商务旅游是指因直接工作需要及与其相关联的一切偶然性活动所引发的非自由支配的旅行，包括与每日商业运作及公司或组织会议相关联的旅行，同时也包括奖励公司杰出表现者的奖励旅游。"

由此可见，商务旅游概念宽泛，"不再局限于经商与旅游活动的结合，它涵盖了所有因工作关系到外地从事与商贸事务有关的个人或集体活动"。（贾莲莲、朱竑，2004）既包含个人商务旅行，同时也包括"出席活动是工作中临时的一部分，通常以团队旅行的方式，和同事一起活动或在选择的目的地集中"。（罗伯·戴维森、比优拉·库配，2006）

二 福利旅游（Social Tourism）

国际社会（福利）旅游机构（International Office of Social

Tourism，BITS）曾指出，从国家到地方的各级机构和组织应为身体上、精神上、经济上及因各种原因有困难的旅行受限制群体提供直接的旅行费用、旅行信息等支持服务，或对其使用的非营利休闲设施予以资金支持以实现公民休闲的基本权利。（李祇辉，2009）

世界旅游组织（WTO）1978 年曾指出，福利旅游是社会追求的目标，使不能充分享受休息权的公民都能充分享受到休息的权利。（薛盈盈，2010）

福利旅游起源于欧洲，20 世纪 30 年代是福利旅游的萌芽期。当时欧洲各国普遍实行带薪休假制度，并建立了旨在使社会弱势群体参与的福利旅游制度，如法国、瑞士等。

由此可见，福利旅游将旅游看作国民的基本权利之一，狭义的实施对象是指难以参与旅游中的社会弱势群体，广义的对象指全体国民，是一种政策性、制度性、人为性较强的社会经济政策支持活动。

三　奖励旅游（Incentive travel）

国际奖励旅游经理人协会（The Society of Incentive & Travel Executives，SITE）认为："奖励旅游是一种用来实现非凡商业目标的现代化管理工具，为参与者提供一个异乎寻常的旅行体验作为对他们完成其非凡目标业绩的奖励。"（罗伯·戴维森、比优拉·库配，2006）

从此概念出发，奖励旅游的本质在于它是一种组织管理工具，目的是激励参与者。狭义讲，奖励旅游与竞争相伴而生，通过竞争来确定奖励旅游的参与对象。但 SITE 同时也指出，"奖励旅游是一种全球采用的通过独特的旅行经历来激励或组织参加者以实现组织的目标、提高工作水平的方式"。因此非奖励性质的以休闲旅游为主要目的的旨在提高组织成员认知水平的团体旅游活动，广义讲也属于奖励旅游的一部分。在 SITE 近几年的年度综合经营报告中，可以看出此种类型的奖励旅游比例在上升①，并且在各国旅行市场形式上存在着差别，在一些发展中国家，奖励旅游可能是一种简单的、现成的包价旅行，甚至是一张机票，也可能包含某种形式的住宿。但在发达国家，如美国大多数奖励旅行所采用的形式是团队旅行和量身定做的活动和娱乐项目。

综上所述，三者之间存在如下关系：奖励旅游是商务旅游中的一种形式，也即 MICE 的组成成分之一，与个人商务旅行一起构成了商务旅游的总体，具有可自由决定、临时性及以团体为主的性质；而福利旅游则是旨在实现国民基本休闲权利的政策性安排活动，实施主体就目前国际上来看多以国家层面的政府为主，对促进社会进步与公平发展有积极的作用。值得提出的是，当福利旅游的实施主体为企业、工会或其他劳动者所属的机构时，奖励旅游与福利旅游的界限就与参与对象有关了，当只面向本企业的弱势员工时，就成为一种管理工具，具有奖励旅游的性质；但受资助对象不是本企业员工则仍是一种福利性质的支持活动，三者关系如图 2－1 所示：

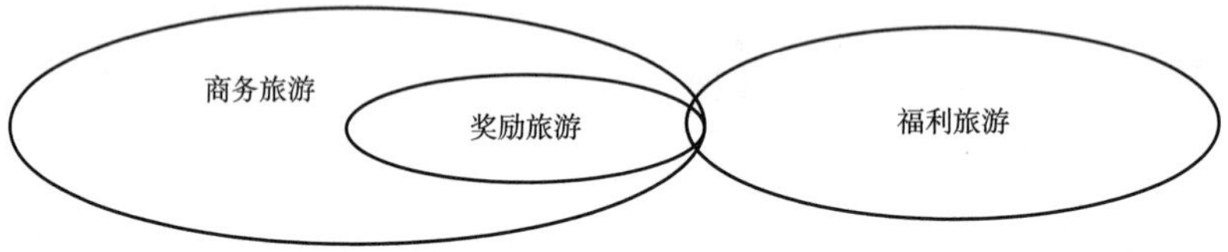

图 2－1　商务旅游、奖励旅游、福利旅游关系示意

四　国内关于奖励旅游本质的认识

《中国旅游百科全书》把奖励旅游概括为“一些单位为调动员

---

① 2010 年专题报告中指出，目前使用奖励旅游的比例与种类在上升，顾客推动占 62.5%，经销商奖励占 83.7%，销售促进占 83.7%，非销售认知类推动的占 57.1%。Site Index-The annual analysis and Forcast for the Events Industry 2010. http://www.siteglobal.com/Foundation/SiteIndex.aspx。

工的积极性、增强凝聚力，举办的免费旅游”。从本质上看，奖励旅游不仅仅是对个人的奖励，更重要的是对企业本身的奖励。郭鲁芳等（2007）、刘振涛等（2008）认为消费者是通过积累消费或者通过遴选的对企业忠诚的消费者而成为受奖对象的，对他们进行奖励旅游无形中是一种广告宣传，有利于企业文化的传播。

对需求企业而言：奖励旅游作为一种奖励形式，在内部是一项持续的固定费用支出。奖励旅游能使员工产生凝聚力，并使其积极努力工作以参加公司组织的奖励旅游为荣。（洪秋艳，2010）

奖励旅游是一项有长远利益并且体现了现代企业的人文关怀理念的战略性投资，而不是一项普通的成本开支。（侯洁，2008）

杨佩群（2005）指出一些企业和个人认为奖励旅游是一种公费旅游，而没有看到奖励旅游的资金来源就是受奖者在实现企业的经营目标中创造出来的利润，是受奖者的努力才争取到的。

高静等（2006）则认为虽然奖励旅游所花的钱是从员工多创造的利润中划出的，但企业在效益核算时，奖励旅游的花费仍然会计入企业的成本费用中。奖励旅游所花的钱是企业的，“预算和成本是影响选择奖励旅游目的地的主要因素”。

对旅游企业而言：奖励旅游是一种高级旅游产品，随着产品激励效用的递减，激励因素向保健因素的转化，奖励旅游的本质特征也随之发生蜕变，对客户企业来讲变成一种福利旅游，对旅游企业来讲则成为一种大众旅游。（刘少湃、蓝星，2007）

邵莉莉（2010）认为奖励旅游具有消遣性质，本身并非常规商务或公务活动，而是为了参与者的消遣和享受。奖励旅游是一种“激励效益”与“感知利益”相结合下的创意设计，体验性、内在性、唯一性是产品设计的核心。（吴晓烨，2008）

周文丽（2006）认为奖励旅游是旅游服务专业机构为现代企业承办的一种旨在激励员工、树立企业形象的高品位、高消费且深寓文化内涵的专项旅游产品。

从消费性质上看：奖励旅游是现代服务业发展和社会分工不断细化的产物，同其他生产性服务业一样，是为使用其他商品和服务的生产者用作中间投入的服务，不同于最终消费而是作为生产要素投入生产过程之中，从而产生新的使用价值。奖励旅游作为“生产性”旅游，是现代旅游业介入发展生产力和促进经济增长而拓展的新业务，有其不可估量的经济效益与社会效益。（张文建，2005）

综上所述，国内学者对奖励旅游的认识是多角度、多层面，主要有以下三个方面：①从需求企业角度看，是单纯的成本费用开支还是能给企业带来效益的长期投入？②从旅游企业看，普遍认同奖励旅游产品是一种融入企业文化的高端体验产品。③从消费性质上看，是生产性消费。

国内对奖励旅游本质的认识不是基于产品的形式，如同会议旅游、展览旅游、节庆旅游等一样以产品的主要形式为划分依据，而是基于旅游的成本来源是“他人支付”还是旅游者“自付”的焦点，必然加大了概念内涵的难以界定与外延的交叉。

本书研究所指奖励旅游的范围既包括作为管理工具的旨在提高组织目标的激励优良绩效获得者的团体旅游活动，也包括带有“福利”性质的面向所有员工的团体旅游，但不包括组织内个人的商务差旅活动及不能自由决定行程与目的地，以商务活动为目的的团体商务旅游活动。

五　组织市场及特征

组织市场泛指一个组织向其他组织推销商品或服务的任何市场。组织市场营销起源于制造业中的工业品营销，20 世纪中期，人们发现工业营销与消费者营销不同，逐渐成为一个单独的领域；随着第三产业的发展，人们意识到非制造业的组织同样存在组织购买，到了 80 年代，出现了“企业对企业营销”（Business to Business marketing），后来组织购买的范围扩大到了非营利性组织，如政府、协会等；因此便产生了组织市场的概念（Organizational Marketing）。（迈克尔·D. 赫特、托马斯·W. 斯潘，2006）

汪涛（2005）以工业品组织市场与消费者市场为例，总结了组织市场与消费者市场相比具有的如下区别（见表 2－1）。

表 2－1　组织市场与消费者市场的区别

项目	组织市场	消费者市场
市场结构	市场规模大 地理分布集中 购买者相对少 购买数额大 少数销售者垄断竞争	地理分布分散 购买者众多 购买数额小 纯粹竞争
需求特征	派生需求 需求具有相关性 需求无弹性 需求专业性和知识性	大多数商品需求有弹性
购买特征	专业人士购买 购买理性化 决策多元化 决策高层化 选择一个以上的供应商 组织行为 任务动机优先 买卖双方关系稳定 可采取租赁形式 直接采购	没有经过训练，不需要具备专业知识 家庭行为 社会感性动机优先 买卖双方忠诚度小 通过销售渠道购买

资料来源：汪涛《组织市场营销》，清华大学出版社，2005。

第二节 企业购买者与奖励旅游

一 奖励旅游效价与企业购买特征

Latham and Gary（1990）和 Hasting（1988）两组学者的研究发现，在合理的薪资制度下，旅游能满足人们追求成就感和受人尊重的需求，是很重要的激励制度。

Nelson（1996）认为就费用、规划的过程和时间的耗费来说，让员工外出旅游，是一种相当高层次的奖励，在调查中 Nelson 发现，77% 的美国员工认为，让得奖人带配偶或同伴参加旅游活动，是一种有意义的奖励。

Sheldon（1994）对美国 Fortune 1000 公司的调查中发现，40% 的公司使用奖励旅游，使用者与非使用者存在一些特征上的差异：如公司内部是否有独立运作的旅游管理部门；企业的国际化程度是否高；各分公司的地理分布是否广泛是促进企业使用奖励旅游的主要因素。

Shinew 等（1995）对保险公司三种职位的员工（销售代理、销售管理者及区域管理者）进行了奖励旅游效价的实证研究，发现奖励旅游的选择明显高于现金与商品两种方式，不同职位有区别，销售代理更倾向于现金方式，区域管理者更倾向于销售会议与奖励旅游的结合；配偶的意见与喜好是影响其选择的主要社会因素；但在提高工作努力的意愿性方面，现金方式却优于奖励旅游。总体讲员工对以工作竞赛的形式获取奖励的资格持肯定态度，但竞赛后会有短暂的动机消失的感觉，因此动机的维持、奖励对离职率、缺勤率的量化影响及奖励旅游的多样化设计都有待于进一步研究。

Sheldon（1995）对美国 Fortune 1000 中的 127 家公司的抽样调查，发现使用奖励旅游的企业相对不使用的企业具有如下共性：销售人员所占比例高、企业面临的竞争性环境强、企业内部有独立的旅游部门、企业在全球的地理分布广；而企业的类型、所占市场份额两个因素并没有显著差异；并指出企业的特征、奖励的品质是影响奖励旅游需求的两大因素，进一步将企业特征分解为：类型（服务与非服务）、员工中销售人员的比例、行业竞争力、所占市场份额的多少、总体规模及内部旅游部门的规模；奖励的品质分解为成本（奖励直接成本、促销成本、旅行中其他成本、花费的时间成本）、收益（提高销售额与各种定性的收益），并建立了奖励旅游的需求模型。结果发现服务性企业、企业内部有旅游部门、企业规模小是导致企业奖励旅游高需求的主要因素。

二　组织购买的相关研究

（一）MICE 业服务市场购买类型

服务购买对组织战略实施的重要性日益突出。“一个组织提供给另一个组织的基本无形的，不会导致任何所有权改变的行为或活动。它的生产过程可与或不与有形产品联在一起”。（Brierty，E G and Robert，R W E，1999）

罗布·戴维森等（2008）将 MICE 产业的组织市场细分为公司市场、协会市场、政府及 SMERF 市场①，并归纳其类型特征，如下（见表 2－2）。

① SMERF：（social 社会、military 军事、education 教育、religious 宗教、fraternal 互助联谊）。

表 2－2　MICE 产业组织市场的类型与特征

类型	公司	协会	政府	SMERF
活动过程	决定活动的过程相对直截了当	选择目的地的过程可能较长	活动时间的长短和可获得的预算可能有很大差异	对住宿、会议场馆的价格敏感;但与公司市场相比,不易衰退
购买者	在需求方的组织内部辨认出实际的公司活动购买者有难度:秘书、个人助理、营销总监、培训总监都可能是购买者	目的地通常由一个委员会选择;组织者可能是来自协会成员中的志愿者	预算通常受到审查,因为使用的是公款	通常由志愿者组织运作,辨认出购买者有难度
参加人员	通常要求公司员工出席	出席会议是自愿的	高度的安全措施是必不可少的,因为这些会议经常受到示威者活动的干扰	通常在周末及非高峰时段进行
活动时间	活动持续 1～2 天、与会者的预算较高	活动持续 2～4 天		经常在二线城市举行,住宿条件和设施较简单
场馆	酒店、管理培训中心或非常规场馆	会议中心、市政场馆或学术场馆		
同行者	除奖励旅游外,与会者的配偶很少被邀请	每位与会者预算较低,价格敏感,多是自付,配偶经常参与		与会者携带配偶或家属同行,且可能为休闲目的地延长其旅行时间

资料来源：罗布·戴维森、托尼·罗杰斯《节事目的地与场馆营销》，格致出版社，2008。

（二）购买过程与行为研究

Robinson（1967）提出了“购买格子模型”（Buy grid model），

将购买过程分成一些可以辨别的阶段，如预测需求、寻找潜在供应商、评估选择、反馈等，不同阶段对不同类型的购买来说重要性不同，此种划分对理论认识较实践应用更有价值，因为购买过程与购买种类的关系还受认知购买重要性等其他复杂因素的影响。

Webster 等（1972）提出了关于理解组织购买行为的一般模型，称之为“韦温模型”，此模型提出了组织层面的影响，特别强调了组织结构和购买过程中最后决策者的影响，突出了组织购买行为与消费者购买行为的不同。任何组织的购买行为都是在组织相关制度的影响下产生的一种个人决策行为。组织中的信息传递、职务委派、报酬分配决定了组织的文化，并通过影响购买核心成员的感性理解、风险预估、职业热情、知识偏见等影响组织购买行为过程如图 2－2。

Sheth（1973）发表了“企业购买行为模型”，侧重于心理因素，强调个体参与者在企业或组织购买决策过程中的心理状态变化对购买的影响，如个人的经历、期望、以往购买满足需求的程度等，此模型较少关注组织变量，强调个人作用。

以上三个模型为组织购买行为理论的研究打下了坚实的基础。但都是以购买决策本身作为分析单位，最近 20 年的研究则表明：将组织间关系作为研究重点，是一种平衡的观点，认识到供应商的积极作用，又不认为购买者是被动的接受者；同时认为每次购买决策都是在所涉及的组织内部或内部之间以往的或是正在继续的互动氛围下做出的，参与者都是希望能控制这种氛围，使之有利于自己，但个人对这种控制是有限的，受制于以往交换关系形成的文化规范，以及其他个人对不同管理方式的接受程度。（多米尼克·威尔逊著，万晓、汤小华译，2002）

此模式对理解购买者行为很重要，如很多购买决策除了传统的购买原因外，很大程度上是为了与供应商保持良好的合作关系，建立自身的战略性资产，这在以往的模型中是没有的。

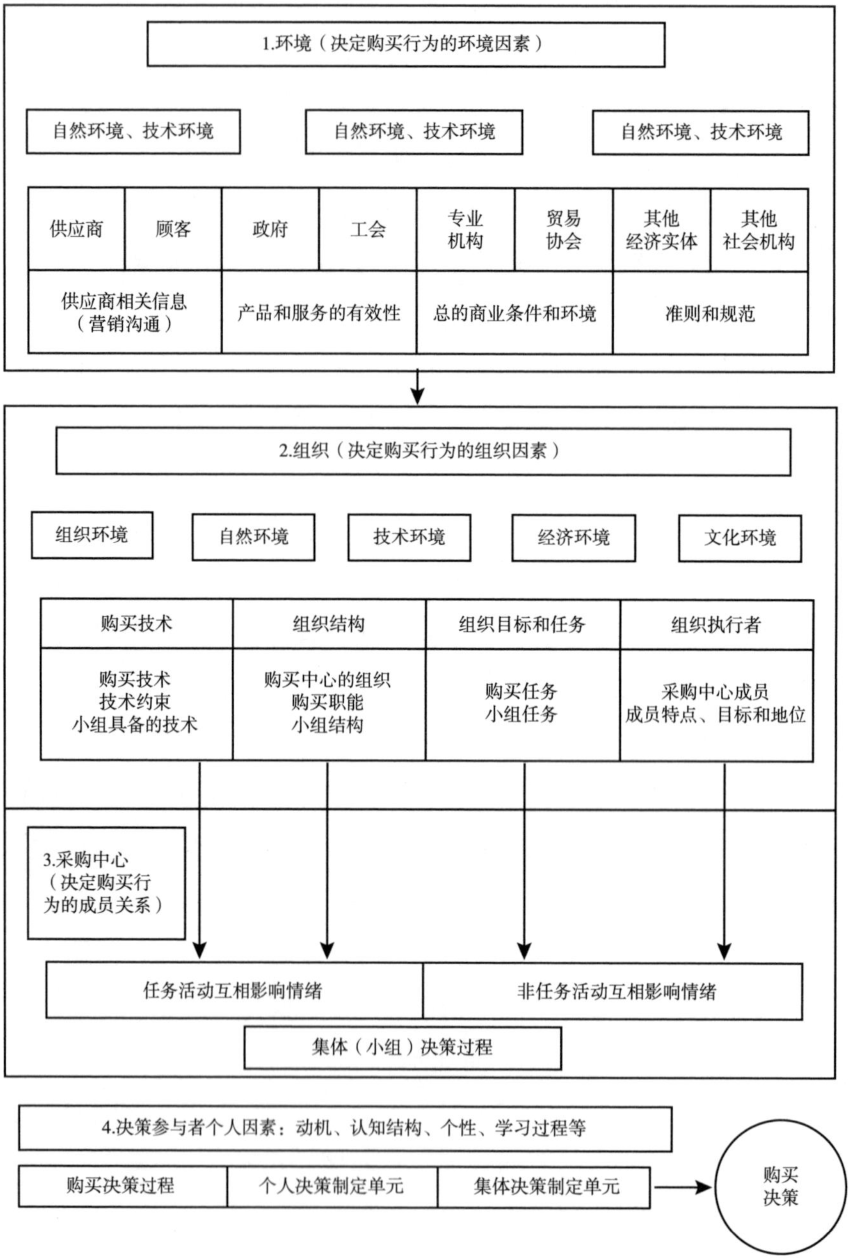

图 2－2　韦温购买行为模型

资料来源：汪涛《组织市场营销》，清华大学出版社，2005。

（三）购买行为影响因素研究

Ghingold 等（1998）认为，购买行为因企业类型、购买产品、购买任务及购买过程的不同而不同，很难有适当的理论和模型来实现一般意义上的指导。此阶段很多学者认为仅分析企业购买的类型和过程还不足以对其有充分的认识，对于影响企业购买决策的各种因素进行考察、彻底分析对理解企业的购买行为十分必要。原因是影响购买决策过程的因素是大多数企业所共有的。

Spekman（1986）认为，一方面专家力量和合法性力量与决策导向之间存在直接的影响关系；所谓专家力量是指在购买过程中具有专业技能与行业威信力的人对决策的影响，特别是在购买成本及技术复杂度都高的工业品中，决策者往往遵从专家的意见，而不至于承担独立决策的责任 Kohli（1989）。另一方面合法性力量是指企业在购买过程所受到的管理者的影响，管理者拥有的正是合法性力量，这种情况在集权化的组织中更为显著。

Hickson 等（1971）认为，信息可以减少购买过程的不确定性，因此信息的获得和控制成为一种影响买卖双方博弈力量的因素。Bauer（1978）认为，如果信息成为购买的关键资源，则直接影响到决策行为。

网络力量指组织购买中心利用网络获得信息、与供应商沟通并进行交易的能力与作用。随着电子商务技术的发展，网络的覆盖面、技术创新能力与其他产业融合的程度将成为重要的影响因素。

Johnston 等（1996）认为，购买方和销售方之间的沟通渠道、意愿、技巧与主动性，一方面可使购买企业获得更为充分的信息，降低不确定风险；另一方面也是供应商充分满足购买企业需求的重要方式，有效沟通可以降低双方的交易成本。

人际关系影响是指建立在相互信任基础上的一种影响关系。买卖双方的信任度使得在购买行为中会优先考虑与对方合作，这是一种降低风险、减少交易成本的另一种途径。

国内对于企业购买行为及其影响因素方面的研究还十分有限。在现有文献中，李桂华等人对影响企业购买行为的因素进行了比较深入的研究，并在前述基础上提出了概念性模型（李桂华，2000；李桂华、姚唐、王淑翠，2007；李桂华、郑奇，2002），见图2－3。

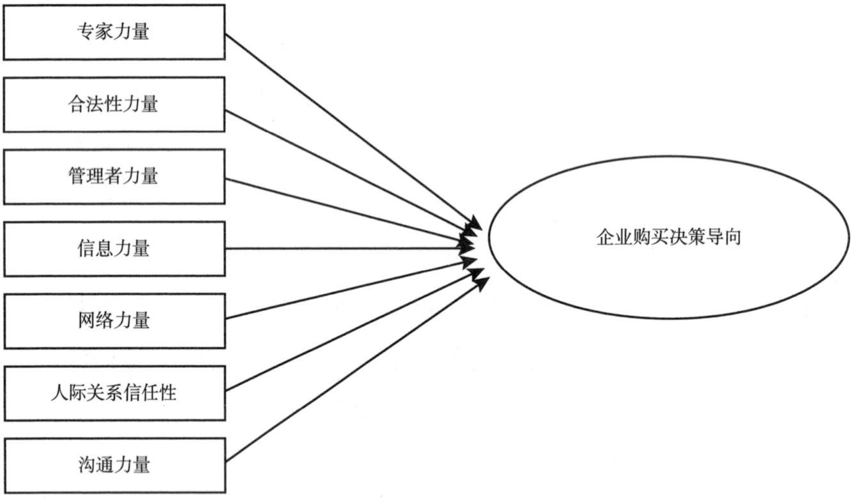

图2－3 组织购买行为影响因素概念模型

（四）中国情境下购买行为的影响因素研究

在提出上述概念模型的基础上，李桂华教授认为各因素的作用不是平行的，背后会有一种抽象的作用力起作用，要抽象出某些影响因素及其作用力，需要找到影响因素分类及判断其作用力大小的标准。刘海燕（2009）认为购买中心中权力的分布状态会对购买决策产生决定性的影响，并从“权力”角度出发，将不同角色划归为三个单元，即决策单元、参谋单元和信息单元，其中合法性力量及管理者属于决策单元，专家及其他相关技术人员属于参谋单元，而与外界直接进行交流的人员为信息单元。

李桂华等（2010）通过对中国企业的实证研究发现：专家力

量、信息力量和合法性力量对于购买决策导向有着显著的正向影响，并且专家力量 > 信息力量 > 合法性力量；专家所提出的专业建议最受重视，对合法性力量有显著的影响，是管理者制定科学购买决策的最有力保障。研究同时发现，信息力量虽然重要，但决策单元并不直接获取产品或供应商方面的信息，而是通过专家力量的中介作用获取来间接影响决策者。

文化是人类欲望和行为最基本的决定因素，对购买行为的影响同样不可忽视（Tanner，J，1998）。李桂华等（2010）指出在中国这样一个十分注重人情、面子的伦理型社会，若研究组织决策问题，就不能忽视组织成员间的人际关系。人际关系可分为四个变量（人情、私人关系、面子及关系工具），其对企业间的人际信任都有显著的影响；即人际信任是企业间信任建立的一个媒介或途径，最终通过企业间信任而表现出与企业购买意向的正相关关系。而人际信任可能是对双方决策人员或相关人员建立在对对方能力、人品了解并欣赏的基础上，也可能基于一种资源交换或礼尚往来的思想。

在企业间信任的研究中，发现企业层面上的信任更注重于关系的工具性因素，也即关系所能为企业带来的便利条件或资源；人情既可以作为一种情感，也可以是一种维持彼此关系的资源，是连接相互关系的纽带，对企业间信任的建立具有促进作用；面子与企业间信任的正相关关系没有得到证实，说明在企业之间的交往中更具有理性，更加强调企业可以获取能够利用的资源。

进一步在人际关系与关系承诺之间，私人关系及关系工具对关系承诺有显著的影响，私人关系对于双方之间的长期交往至关重要，私人关系越好，则与对方发展长久关系的愿望或程度更强烈。关系双方力图发展长期合作关系，或称战略关系，亦可能是基于双方资源的共享、双方交往的互惠，取决于关系的工具性特点。

但关系承诺与企业购买意向之间并不存在显著的正相关关系。

这说明企业间的购买行为往往是大宗购买，是具有决策意义的采购行为，因此，仅仅基于良好愿望和感情的关系承诺对企业间的购买决策不具有显著的相关关系。

以上说明，中国传统文化背景下的人情、面子、私人关系等确实可以促进企业间的人际信任从而促进企业间信任而影响企业购买决策，但作为组织购买行为，也更理性与专业化，面子、人情并不能直接影响企业的购买意向，并且基于感情基础上的关系承诺也不能直接促进企业购买意向而是取决于关系工具性的特点，只有企业间信任能促进企业间合作。

三　企业购买旅游的管理

Alastair 等（1994）指出管理公司旅游的概念在美国可追溯到 1945 年，目的有三个：降低旅游成本、为公司旅游人员提供更好的服务及提高公司的购买能力；公司内部独立设置的旅游部门可在酒店、航空、汽车租赁方面获得集中采购优势；公司旅游管理者是关键的购买者，掌握着公司预算，但同质性差、性别与预算多少使管理者在决策时表现出较大差异。

20 世纪 90 年代初期，公司旅游费用的不断上升引起了业界与学界的关注，很多学者用实证的方法验证了公司内部旅游管理部门的效率问题。Randy 等（1999）通过对 31 家公司内部的旅游部门的经营效率与成本之间的关系检验发现：公司旅游部门成本费用的 87.4% 是有效使用的，另外 12.6% 为损失，公司内部旅游管理部门高效率预示着采用这种自己成立旅游管理部门的方式运作公司旅游是公司有效的投资方式。

Russell 等（1995）分析了公司在控制旅游成本的实践中通常采取的两种方式：一是建立集权性质的公司旅游管理部门来整合分

散在各部门的员工或外包的各项业务；二是通过集中采购酒店、航班能获得规模效益；但当主要项目的成本控制后其总成本的递减率就没有那么明显，而成本控制又是公司旅游管理中永恒的话题。因此，提出通过标杆管理的方式达到持续的成本控制的目的。

Charkey 等（2006）在分析一个英国公司的旅游会计账目时指出，若公司旅游者不熟悉或不遵守公司的旅游政策如使用公司指定的旅游代理商进行各项旅游预订的话，则成本会增加 40% 左右，集中的部门管理会降低公司旅游的费用。

Anneli 等（2006）认为公司旅游过程中的不同利益相关者（公司组织者、旅游管理公司、旅游供应商、旅游者）在目标设定、价值投入方面存在潜在的价值冲突。而制定一个有效的公司旅游政策、使用恰当的技术收集信息管理旅游过程可提高公司旅游的效率，在各利益相关者之间建立成功、透明的关系。

在影响公司旅游成功的关键性因素中，不同利益相关者都是基于自己的价值观进行评价，潜在冲突表现为：公司组织者与旅游管理公司都认为高层的支持最关键；而旅游者认为旅游成本控制政策的灵活性很重要；旅游供应商则认为在提供服务方面组织者不需要过多介入，否则影响自己的规则；旅游管理公司则认为最好能让旅游者接受公司旅游政策与项目的相关培训，这对成功很关键。旅游管理公司与旅游供应商之间则在关系、付款、服务递送过程中存在差异，表现在缺少知识、投入与支持；付款方式数量与协议不符；服务传送中不灵活、不准时及预订文件的不准确等是经常发生的事件；旅游者与组织者之间则在信息沟通的渠道上存在差异。

为了更好地进行公司旅游管理，提高管理效率，应重点解决以下矛盾：管理最后一分钟预订的效率问题，通过提高旅游细节的处理及政策的监督来提高效率；与供应商谈判时充分考虑到可出现的问题，提供一个相应技术的旅游管理系统，减少旅游成本的开支，引导旅游者参与旅游政策的制订，增强其在行程中执行政策的力度。

第三节 旅游供给方与奖励旅游

由于旅游供给方体系的不同及奖励旅游发展阶段的差异，国内外在奖励旅游供给方的研究方面存在较大差异，以下分国内外分别进行述评。

一 国外奖励旅游供给方

Hampton（1987）从公司奖励旅游规划者（incentive planner）的角度，分析了影响奖励旅游过程的因素，如目的地吸引力是最重要的，且要经常变化；面向企业员工的最初的形象展示并赢得员工的兴趣、整个活动中的沟通、对员工奖励的展示、配偶的参与、专家的咨询力量等都是影响奖励旅游最终效果的直接因素。

Lewis（1984）对影响奖励旅游专业策划人员选择酒店的要素进行研究发现：专业策划人员对酒店的选择主要依赖个人经验，酒店方对其影响不大，对较少经验的策划人员影响占到40%、较多经验的人员影响25%，均未超过50%。其中酒店方面主要因素有酒店管理者的态度、满足要求的灵活性、行为的可靠性、信息的可信性、设备的保养程度、酒店代表与策划人员合作意愿。

Witt等（1992）分析了英国奖励旅游市场的特点，通过对奖励旅游组织者（incentive organizers）选择目的地的影响因素的调研，分析了加拿大作为英国奖励旅游目的地的优劣势，指出加拿大具备开展奖励旅游的机会，但受传统探亲访友（VFR）目的地形象的影响，需要采取公关营销、举办奖励旅游展等营销措施，塑造积极的奖励旅游目的地形象。

Metha 等（1991）以新加坡为例，在详细分析资源的基础上，提出了作为奖励旅游目的地的战略规划、市场细分等方面的策略，从国家层面提出一个整合的发展方向。

Xiang 等（2007）通过对 15 个专业奖励旅游公司中的 CEO 围绕“由于经济环境的变化，未来将会突现出的五个奖励旅游目的地有哪些及影响本行业生产的最主要的环境因素有哪些”这两个问题进行深度访谈，指出政治经济环境的变化（政府的规制、经济的起伏、公司的利润、媒体的影响、公司的政策、公司股东的介入）、社会文化环境（旅游全球化、人口多样化、女性旅游者的出现等）及新的管理方式与技术的出现都构成了奖励旅游发展的重要影响因素，奖励旅游是极易受环境影响的动态变化的产业。

二　国内奖励旅游供给方

（一）旅行社定位与商务旅游

传统旅行社经营商务旅游一直是学者们关注的焦点。马爱萍等（2007）指出国内专门研究商务旅游中介机构的文献很少，并且对中介服务所涵盖的内容和产业链组成部分也没有形成统一的观点。导致这一现象的原因是因为中国商务旅游的中介主要是旅行社，而学者们的研究重点都放在旅行社在休闲市场上的研究。

1. 旅行社面临障碍

段凤华（2007）在对上海市旅行社的调查中发现，旅行社的会展业务仅仅停留在“会务”上。目前有 80% 以上的旅行社会展部门的业务只是以会务为主。旅行社同行之间、旅行社与会展公司之间及专业会议组织（PCO）与目的地管理公司（DMC）之间分工不明确，行业交叉现象严重构成了目前旅行社拓展会展旅游的主要障碍。李婷婷等（2007）指出旅行社在MICE产业中多处于支持机构，且主要是交通及食宿的支持机构，有四种介入方式，如表2－3。

表2－3　旅游企业介入MICE产业的四种方式

	方式一	方式二	方式三	方式四
主体	酒店、旅行社	建立集酒店、会展中心、休闲度假等多功能于一体的场所设施	目的地管理公司（DMC）	专业会议组织者（POO）
MICE行业角色	MICE业的供给者	MICE业的供应者	MICE业的调动者，MICE活动所需资源的整合者	MICE业的真正参与者，组委会和服务供应商之间的纽带
特点	被动接待	主动接待和承担	主动策划	主动承担
主要职能	提供住宿、接待设施及旅游代理服务	提供住宿、接待设施、MICE场馆及商务、娱乐设施	主办地的现场协调、会务和旅行安排等工作	主要办理行政工作及技术顾问相关事宜
主要服务内容	餐饮、住宿、宴会、交通、导游等	餐饮、住宿、场地、会（展）外机会等	策划组织安排各种MICE活动，以及延伸的观光旅游和其他服务等	会议或展览活动的策划、政府协调、客户招徕、财务管理和质量控制
核心要素	酒店实体（有小型宴会厅或展览厅）、旅行社（有国际接待能力）	核心的管理人才、精确的市场定位	和政府的良好关系与上下游企业的密切合作关系	管理人才

资料来源：李婷婷、郭毓洁、张歆梅《基于SSPAB模型的MICE业进入性分析》，《旅游学刊》2007年第1期。

宋子千等（2008）详细分析了传统旅行社面向商务旅游转型时需考虑的四个问题：营销模式由经营传统产品的一次性营销向与会奖客户互动的关系营销模式；产品由满足观光游客的基本观光游览层次向满足商务游客基本的事务需要层次的转变；组织结构由以市场为部门的建构转向以客户为部门的建构，同时与客户建立更紧密的合作关系。

2. 专业化模式

专业化是旅行社经营商务旅游的理性选择（万早平，2008）。但目前情况下旅行社面临许多障碍，需要有相关的政策和匹配的资源设施来支撑，因其具有很强的系统性、综合性和边界交叉性，需要专业的组织机构进行管理运作和有针对性的服务。

杨海红（2009）提出了三种旅行社承接服务外包的模式，以中青旅会展为代表的专业化服务模式，即事业部制的组织结构、专业化的经营及差异化的服务是旅行社经营商务会奖旅游的理想模式，具有良好的发展前景。

华倩（2007）认为旅行社在商务旅游服务中的地位与传统旅行社不同，其价值体现在客户认可他们为其节约成本的程度和效率上，专业化服务带来的企业交易费用的降低是其利润的主要来源，旅行社在平衡供应商和需求方的利益中生存并且不断寻求更大的发展空间。

3. 营销方式

方田红等（2008）指出旅行社进入差旅市场一方面应在资金渠道上与银行加大合作，建立周到咨询的个性化客户服务平台；另一方面应实现与航空业等的多方合作，转变营销方式为关系营销的策略。

厉新权等（2004）认为“合作式商务旅行管理”和争取“政府采购”两种方法是国际上比较有代表性且较有成效的商旅合作

方式。所谓合作式商务旅行管理即旅行社派驻员工进驻客户单位进行现场办公，对被服务者提供案头服务报告书，定期用书面报告的形式完成对所有委托服务的花费及信息的反馈与评价；同时进入政策采购平台则意味着获得了长远的巨额收益。

刘春济等（2003）认为我国商务旅游市场促销的关键很大程度上并不在于对商务旅游消费者进行促销，而在于对企业进行促销，在于对企业的“实权派”人物进行促销。

孟海霞等（2008）指出旅行社在开发会展旅游产品时，要充分重视具有地域特点的文化资源和产品的文化结构。许峰（2002）指出在会展旅游市场开发过程中，旅游部门的服务追求地方特色是关键，整体服务的能力水平与局部细节的处理息息相关。

4. 产业融合发展

张文建（2008）从专业化分工的角度分析了商务旅游服务外包是购买企业提高劳动生产率，寻求规模经济的有效途径。目前旅游业内存在着明显的二元结构即传统服务业与现代服务业的并存，旅游业组织结构的转型升级是明显的发展趋势。商务旅游特别是奖励旅游是一种新型的产业形态，集旅游信息、咨询、策划于一身，不同于传统的旅游企业，融入电子商务技术，以网络业务方式来实现更多更全面的增值服务（张文建、史国祥，2007），产业融合发展是适应市场的途径。

（二）旅行社经营奖励旅游

王倩等（2007）、孙中伟等（2004）提出旅行社经营奖励旅游应事前注重各种数据库的建立、事中完善各种细节并与企业保持密切的关系，面向企业购买方的营销应是一对一营销的方式；高静等（2006）给出了旅游中间商、购买方企业与消费者紧凑的合作方式，认为各司其职是市场开发的理想模式。

李广才（2008）分析了中国台湾地区奖励旅游市场的现状，

指出旅行社在与企业交往中的角色是协办者角色，企业为主导，详细分析了奖励旅游游程操作的关键环节：①了解委托客户的需求；②选择航空公司；③旅游行程及天数的确定；④成本预算的考量；⑤目的地选择；⑥旅游项目的策划；⑦出行时间与淡旺季的确定；⑧节目内容的删减。

王姿珺（2010）运用蓝海策略通过对国内会奖专业人员的访谈，按提升、降低、消除、创造四方面提出了相应策略：①需要提升的服务包括与客户事先联合踩线、在行程中安排更多回馈社会的活动，在办理各种手续时有详细的资料清单列明；②需要降低的服务包括降低政策上的风险，简化签证的办理程序；降低参团人数，减少赠送的小礼品的数量；③需要创造的服务包括将运作的流程电子化且与个人电子化信息相结合，减少差错率；④需要消除的服务包括所有受访对象认为没有需要消除的服务，且所有服务都有提升空间，反映了旅行社经营奖励旅游还存在很多待提升空间。

第四节　奖励旅游者与奖励旅游

一　节事参与者动机与期望

奖励旅游作为 MICE 中的一种，在研究的广度与深度上都不及聚会（meeting）、协会大会（conference）及展览（exhibition）。并且研究多是基于供应方视角的目的地选择、会议竞争力、经济影响及组织策划服务等，这与会议市场主要由供应方主导有直接的关系，而从会议参与者个体视角对其需求的研究还较少。（Mair，J and Thompson，K，2009）

Severt 等（2007）对美国一个地区性协会会议的参加者进行了动机、感知绩效及行为意向的研究：在影响动机的 20 个因素中共提炼出 5 个因子，分别是活动与机遇、教育的利益、网络机会、会议的便利性及产品与交易。进一步在对会议产品的表现评估上，发现参与者关注度最高的是活动与机遇、教育利益。且在这两个因子与行为意向（口碑宣传与重游意向）进行的路径分析中发现教育利益与参与者满意之间显著相关；而满意与重复行为、口碑均显著相关。表明协会会议参与者对参会带来的教育方面的利益、会议期间的活动及各种交流机遇很看重，且直接影响满意度并表现为积极的口碑效应和再次参加的意向。

Thomas 等（2008）对中国香港地区 2006 年举办的大型商业展会 ITU 中的参与者动机与满意度的研究中发现：参与者的动机排在前三位的依次是展会提供的各种网络与商业机会、商业教育内容、组织者的专业水平；而举办地的基础设施、地理位置不影响其参展动机；在展会过程中影响满意度的因素依次为香港的可进入性、目的地的安全性及对其他文化的包容性。

Mair 等（2009）在对英国协会成员参与会议的决策过程研究中发现：会议中提供的各种网络机会如专业交流、结交新朋友及志向相同的人、认识同行中有声誉的人是影响其决策的主要因素；其次是成本、会议地点、时间便利性及目的地健康与安全性。

Tian 等（1996）在对博物馆参观者的研究中也发现社交和联系，教育的娱乐性及提高社会认同是主要的促进性因素；成本、时间及产品吸引力低是主要限制性因素。

Bricker 等（1997）对两个以户外探险活动为主的奖励旅游团参与者进行了动机与期望的研究，在提出的 21 个因素中，通过因子分析得出 4 个因子为奖励旅游者的期望，主要有放松休闲、探险心理满足、传统期望及显示自我。而在期望的八种活动中（美食、游泳、特殊活动、远足、购物、与当地互动、高尔夫、钓鱼），发现游泳与购物与探险与休闲有较强的关联性，即游泳被认为探险性强、购物认为休闲性强。但因其问卷总数只有45份，结论的可信性存在质疑。

余向洋等（2006）在综述休闲游客体验的研究方法时分析了基于收益的游客体验理论，主要有精神上的成长，提升环境伦理，结识新朋友，增进家庭关系和同伴的联系，缓解紧张等。

综上所述，对奖励旅游者的期望动机及行为研究还非常有限，而从节事参与者的动机研究中可以看出，节事提供的各种网络机会如同行交流、教育培训、商业交流等是关键因素且得到普遍认同，不同于常规的休闲旅游者；而在目的地选择方面影响会议参与者决策的主要是酒店、场地、活动、边界流动便利性等因素。

二 行程满意影响因素

（一）关于酒店选址与服务

Fortin等（1977）对协会组织者中的三类人员（协会永久性工作人员、本行业相关官员、常规的协会会员）在酒店选址方面进行了实证研究发现：共有6类影响因子，分别是①功能性服务（酒店服务、酒店房间、会议室、酒店支持信息、餐馆设施、航空可达性、好客性、交通设施、价格水平、CVB的支持力度、展览空间、会议中心）；②当地支持度（当地可进入性、当地兴趣、财政支持）；③旅游吸引力（地区生命周期、地理位置、从未到过、气候、远离、风景、地铁或景区地点、旅游特征、大型事件、知名度）；④消极障碍的大小（边界可进入性、个人安全、汇率、当地语言、机动车进入性）；⑤个人或专业的利益（联络机会、专业活动机会、会议之前与之后的活动）⑥多样化的休闲活动（孩子活动项目、体育设施、配偶活动、休闲设施）。

Lewis 等（1984）在对 9 家酒店（其中 7 家是 SITE 成员）的电话调查中发现影响奖励旅游策划者选择酒店的因素主要有酒店管理者的态度、满足要求的灵活性、行为的可靠性、信息的可信性、设备的保养程度、酒店代表与策划人员合作意愿，并指出专业策划者特别关注特殊活动如主题晚宴的安排等；文章指出专业策划人员的个人经验及感知影响其选择较大，相比之下酒店方的潜在影响较小，但在后期的服务质量保证上则直接与奖励旅游客人的回头率相关。

Tracey 等（1998）分别对会议组织者、会议参与者认为的酒店影响其会议服务效率的因素进行了调查，得出 9 类因子共同被会议组织者与参与者所认同，分别为①酒店的安全性与可进入性；②酒店员工的服务态度；③客房质量与卫生；④餐饮的质量与种类；⑤公共空间的大小与清洁度；⑥休闲娱乐活动的设施与种类；⑦会议室的各项感观效应如声、光、电的配置及空间区隔；物质设施如同声传译，商务中心、小会议室等的数量与质量；⑧便利性如交通的可达性、信息指示的清晰性、报到注册及会务组织的清晰性；⑨价格与账单包价的清晰性、合理性、与预算的吻合度、会后账务处理的速度。进一步指出酒店在奖励旅游的目的地选择中起重要的作用，且酒店服务是最重要的影响因素，并指出人为因素如员工的投入度等比其他物质因素显得重要。

Ariffin 等（2008）在分析会议目的地选择时，归纳了三类影响选择的因素分别是会议场所提供的包价服务中与众不同的服务是什么；基本的物流体系的完善程度及会议场所设计有何特别的情感在里面。

Metha 等（1991）提出奖励旅游产品是一种通过“花钱去赚钱”的管理工具，能得到这些奖励的员工都是公司重要的员工，且要去常人难以去到的新奇的目的地，活动的成功与否受到公司组织者与参与者的双重评判。奖励旅游产品的如下特征影响着参与者的满意度，如图 2－4。

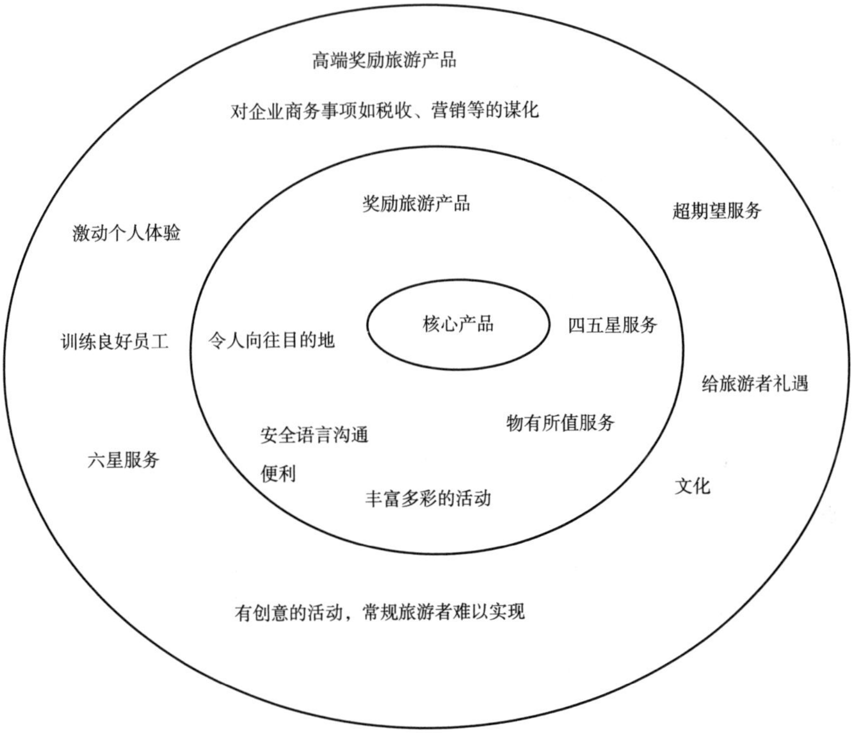

图 2－4　奖励旅游产品特征示意

（二）关于团体包价旅游

Wang 等（2007）运用 CCC（customer comment card）以来中国台湾地区参加包团旅游的游客为对象，对影响团体包价旅游服务质量的因素进行了研究，指出酒店、交通、购物安排、行程的灵活性、领队、当地导游 6 个因素是影响服务质量的主要环节。作者指出购物与可选择项目是影响团体旅游服务的重要因素，其时间的安排直接关系到参与者的感知，特别是对南亚及中国大陆来讲存在强制购物与自费项目的环境下，购物的服务质量是一个重要的影响因素。而景点与餐饮则显得相对不重要，景点信息的透明度高，参与者可通过多种渠道获得，而餐饮由于与领队与地陪有较大关系而被认为是其可以控制的因素。领队与地陪的服务质量成为影响团队包价旅游的重要因素，如导游的技能、责任感知、解释能力、协调能力、亲和力成为影响服务质量的关键因素。

Reimer 等（1990）亦指出旅游经营商将不同的旅游业成分组合成一个团体包价产品组合体，其中人为的因素至关重要。服务质量就类似于拼图，是一种不同尺寸的部件的组合需要各部分的完美组合才能达到让顾客满意的程度。Wang 等（2000）指出团体包价旅游涉及诸多与旅游业相关的部分组合而成，包括旅游前信息简介、航空、酒店、餐饮、地面交通、购物、景点、行程可选择度及其他如医疗保健等七个方面，并详细分析了影响服务质量的各方面的关键环节。

张文敏等（2007）在对参团游客对旅行社服务质量的期望与感知研究中发现，游客主要关注产品、营业点、导游和营销的服务质量，其中产品设计质量尤为重要，但游客的总体感知实绩并不理想；导游导购服务、产品种类多样化、价格公道和导游讲解水平是目前我国旅行社服务质量改进的关键因素。

王国钦等（2007）通过对中国台湾地区 30 家高科技企业的奖励旅游采购人员进行的半结构式深度访谈，发现景点特性是影响公司目的地选择、行程安排与景点安排的首位因素。在行程安排上多以大众化为主，非因人而异。在餐宿标准上则以品质好为主要影响因素，在旅游信息获取的渠道上对旅行社主动提供较认可。

董媛（2006）对重庆市经常使用奖励旅游的几家大型保险公

司员工的问卷调查，表明存在着较高的负面感知，如游程紧张、感到疲惫、公司形象宣传不足、激励作用不明显等，说明该产品的设计和服务与普通豪华旅游产品差别不大，令参加者缺少“非比寻常”的感觉。

吴晓晔（2008）指出我国奖励旅游产品普遍存在着核心利益“激励效益”与感知利益“非比寻常”特性的严重缺失问题，并指出可通过主题的情境化设计、服务的个性差异及供应商的专业剧场表现来增加消费者的体验。

综上所述，影响团体包价旅游的因素可是产品整合中的不同环节，主要集中在酒店内的会议服务及相关设施、行程中的导游服务、行程线路的丰富性及其他行程中涉及流动性与便利性的各因素，如航空、可进入性等，但重要性则因不同团队游客的期望、特征而不同，并与旅游业各整合成分的产业特征有关，具有情境化的特征。

三 奖励旅游后行为影响

奖励旅游作为一个杂交体，是由企业资助的休闲活动，参加活动的是旅游者，购买者是企业，是在一个精心策划的目的地为了完成一个目标的一系列活动的过程。奖励旅游是利用承诺、成就及对旅行的体验来激励个体达到工作或学习中的期望目标。

奖励旅游满足了员工休闲、体验、交往与声誉的动机，当休闲成为人类生存的基本需求时，奖励旅游作为一种组织行为，即克服了员工个体单独旅游行为的不经济性又融入了独特的企业文化氛围，对同事及家人起到了很好的示范效应，达到双重目的。但在肯定其积极作用的同时，也有学者表现出对其消极影响的担忧，这种带有炫耀色彩的奢华旅行会对目的地带来价值观、文化冲突等消极

影响，也会引发员工对组织期待更高业绩的顾虑。(Ricci, P R and Holland, S M, 1992)

陈珮君（2002）在对中国台湾地区奖励旅游的研究中发现，奖励旅游确实会影响到员工的工作态度及组织承诺，且会因婚姻状况、年龄、任职年限、月收入、有无安排培训课程等的不同而呈现显著差异。并指出台湾对奖励旅游的精神内核激励及发展课程的培训不重视，是以后专业化发展的方向。

旅游产生的行为意向性可通过两个方面的变量得以证实：一方面是口碑效应与重游意向。Jacqueline 等（1987）认为口碑交流对影响未来行为与态度具有强有力的预测性，很多情况下，口碑被认为是对旅游行为评价的重要的信息渠道之一，且对产生积极口碑的顾客有直接的行为意向性。(Antreas Athanassopoulos, S G V S, 2001; Wangenheim, F V T B, 2004)

另一方面，重游是消费者体验后的直接行为表现，满意的消费者会有继续的意向，而不满意的消费者则不会有积极的意向，这在以往的研究中已得到证实。(Ganesh, J, Arnold, M J and Reynolds, K E, 2000; John T. Bowen, S C, 2001; Oliver, R L, 1996)

第五节 研究述评

一 研究述评

如上所述，奖励旅游尽管经历了近一个世纪的实践，但理论研究滞后于实践，国内情况更是如此。从现有文献看，国外研究多集中在20世纪90年代初期，国内对奖励旅游的关注则是近几年的事情，研究内容非常不系统且视角多样化。

首先，对企业购买方来说，国外在其需求特征、购买后效价、管理公司旅游成本与效率三方面进行了为数不多的实证研究，在奖励旅游的效价上基本得到了认同，但作为服务市场购买类型的奖励旅游与基于传统工业品购买背景下的组织市场在购买决策人员的组成、过程的规范性、技术使用的复杂程度等方面都表现出较大差异，而这方面的研究还不多见。

其次，在旅游供给方面，国内外研究相对较多，但由于供给主体的体系及经营环境的不同，研究的侧重点不同，国外主要体现在目的地选择、供应商服务效率及中间商专业策划及环境变化下的动态适应等产业运作层面的为数不多的研究上；国内更多反映在旅行社作为中间商主体在商务旅游运营中的定位与专业化描述上，台湾学者则对运作流程及策略进行了较详细的研究；

最后，国内外专门对奖励旅游者的关注都很少，特别是在旅游后行为意向性方面，相关研究涵盖在节事参与者、会议旅游、团体包价旅游等研究中。

二 分析框架

在概念界定不统一、本质认识多样化、历时态的资料极度缺乏的现状下，“截面研究”的分析思路较适合，即着眼于既存的特征、差异来分析现有事物的总体特征，在详细描述的基础上，以获得初步的印象和感知，同时为今后更周密、更深入的研究提供基础和方向。细致的描述性研究极大地丰富了我们有关社会形态和本质的知识，可以激发出解释性研究中“为什么”的问题。（戴维·德沃斯著，郝大海等译，2008）

市场主体（Market Entity）是指具有独立经济利益和资产，享有民事权利和承担民事责任的可从事市场交易活动的法人或自然人。任何市场主体参与经济活动都带有明确的目的，以在满足社会需要中追求自身利益最大化为目标。王爱民等（2011）认为市场主体的行为特征构成了市场的现状并影响市场的发展，以组织市场中各市场主体为切入点着眼于差异与影响分析，为了解奖励旅游组织市场的现状提供了一个窗口，在此基础上归纳出组织市场的基本特征，为进一步的解决问题提供依据。本研究遵从行为描述——特征与影响分析——归纳总结——建议思考的逻辑思路，拟从以下四方面进行。

一是企业购买方需求特征与影响研究。有效需求构成了市场的基础，作为一种组织购买行为，在中国情境下企业购买奖励旅游的特征与影响因素是什么？购买目的是什么？如何看待奖励旅游成本与收益的关系？

二是奖励旅游供给方经营特征研究。旅游供给形成了目前的市场主体，其经营方式、创新能力决定了市场的总体发展状态，影响着潜在需求的实现；同时旅游交易过程中，各主体的交易特征、关系结合方式贯穿于整个市场发展的过程中，因此对供应商与中间商交易过程中出现的特征与影响研究，也成为重要的部分。

三是奖励旅游者研究。作为终端消费者，奖励旅游者的动机、满意程度与影响因素，将为企业购买方及旅游供给方提供积极的借鉴，理论上讲，对奖励旅游者的关注应该成为奖励旅游发展的核心。

四是政府与行业管理组织的作用。政府与行业管理组织虽然不是直接的市场经济主体，但在旅游业的发展中具有不可或缺的地位，特别是在我国一直是政府主导型旅游发展战略的影响下，具有不可或缺的地位。框架图如图 2－5。

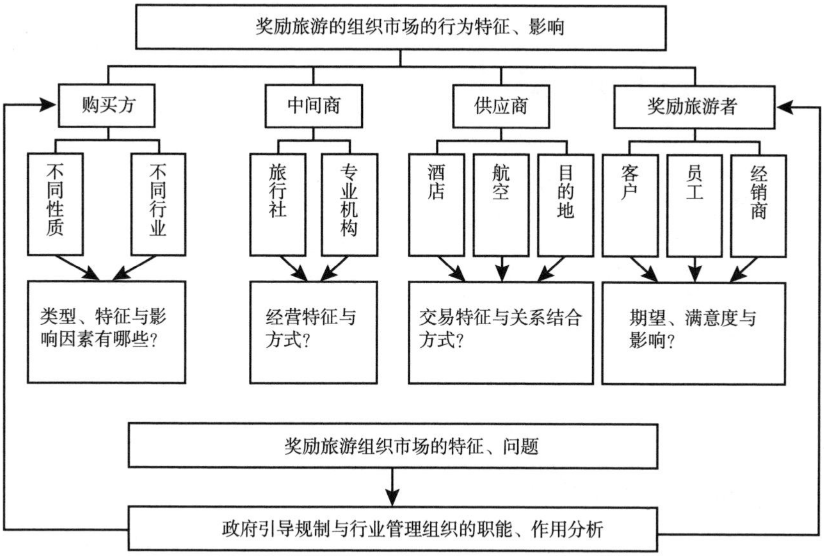

图 2－5 论文分析框架示意

第三章 研究设计

第一节 研究方法

研究问题的类型、研究对象的可控性以及所研究事件的时间状态共同决定研究方法的选用（罗伯特·K. 殷，周海涛译，2004）。本书试图回答奖励旅游的市场特征与影响问题，涉及较多的市场主体，特别是作为企业的一种组织购买行为，与其内部激励制度、账务管理等有直接的联系，可进入性差；旅行社则因为对奖励旅游的概念认知不统一，实际操作中存在很多交叉行为，研究对象的可控性差；更为突出的是奖励旅游的研究还是一项较新的课题，极度缺乏历时态的资料积累，以上这些决定了本研究属于探索性研究，具体研究方法有以下几种。

（1）深度访谈法。

深度访谈法通常是探索性研究的第一步。在一个既定的访谈的主题下，通过被访者围绕主题或范围进行比较自由的访谈，作用在于通过细致深入的访谈，获得丰富生动的定性资料，并通过研究者主观的、洞察性的分析，从中归纳和概括出某种结论。被访对象的选择具有很强的代表性、目的性，而非随机性，通常是某一领域的专家，他们是深度访谈“关键的信息提供者”。（艾尔·巴比著，

邱泽奇译，2005）

本研究分别对10家旅行社共15位会奖负责人、16家企业共17位购买负责人及18位奖励旅游的参与者进行了深度访谈，前两类主要是面对面的访谈，每个访谈的时间都在1～2小时之间。最后一类是电话访谈，访谈时间在0.5～1小时之间。

（2）实地研究法。

实地研究是一种深入研究现象的生活背景中，以参与式观察和无结构访谈的方式收集资料，并通过对这些资料的分析来理解和解释现象的研究方式（风笑天，2009），包括参与式观察与无结构访谈两种。

一方面，笔者以挂职X旅行社奖励旅游中心经理助理一职的方式进行了近两个月的实践调研，其间除了参与部门正常的业务交流、工作任务外，重点参与了两个具有代表性的奖励旅游团（仙妮蕾德美国团、信诚人寿瑞士团）的整个运作，包括前期的拜访客户、目的地选择、行程策划及签订协议等环节，但由于时间关系，没能参与其奖励旅游团的出行过程。

另一方面，利用一切可利用的休闲时间与部门不同岗位的人员进行了大量的无结构访谈，了解更多深层次的问题。在这种方式中本人确实得到了很多有价值的信息，但需要建立在信任与友善的关系基础上。本人是在坐了一个多星期的“冷板凳”后，积极要求加入一次大型活动的后勤工作中而开始了与“同事”们的交往，并一步步消除戒备心理达到熟悉与友善的交流。

在整个参与式观察中，作为旅行社的一名员工与各交易主体如酒店、航空公司、购买企业等直接接触，详细记录观察到的问题并尽可能及时寻求解释，这种开放灵活性的研究方式，使研究者可以及时调整自己的目标、内容与范围。

（3）调查研究法。

调查研究指的是一种采用自填式问卷或结构式访问的方法，系统地、直接地从一个取自某种社会群体的样本那里收集资料，并通过对资料的统计分析来认识社会现象及其规律的社会研究方式。(风笑天，2009)

本书研究在对奖励旅游者深度访谈的基础上，通过问卷设计、测量对奖励旅游者的行为特征进行了调查研究。

(4) 文献研究法。

文献研究法是一种通过收集和分析现存的，以文字、数字、符号、画面等信息出现的文献资料，来探讨和分析各种社会行为、社会关系及其他社会现象的研究方式。(风笑天，2009)

本书中文献研究的应用主要体现在两方面：一是通过文献归纳总结了现有奖励旅游研究的相关内容，探讨了进一步研究的可行性及可使用的方法；二是通过对各种网络资料、合同协议、年度总结等的分析为各市场主体的行为特征描述提供了素材。

第二节 案例地、研究对象选择及代表性

一 案例地选择

广州作为全国经济发达城市之一，与北京、上海同为奖励旅游较发达的城市。从国际上看，奖励旅游需求量较大的行业有信息技术业、汽车制造业、通讯业、保险业、金融业、化妆品行业、零售业等，而这些行业都是广州经济发展中的重要力量，实力雄厚且发达，至 2010 年《财富》世界 500 强企业中，落户广州的有 174 家。[①] 与北京、上海不同的是，广州作为国际奖励旅游目的地的形象并不

① 资料来源：《广州外经贸白皮书》(2010)，广州市场外经贸局。

突出，但需求潜力大，消费意识相对成熟。

同时，广州旅游业发达，综合实力一直以来在全国名列三甲。

二　研究对象选择

1. 旅行社访谈对象

通过广州市旅游局的推荐，在 2009～2010 年的 42 家出境游组团社名单中，共筛选出 10 家商旅会奖经营突出的旅行社。2010 年广州旅行社营业收入排名前 10 的在访谈对象中有 7 家，分别是广之旅国际旅行社有限公司、广东南湖国际旅行社有限责任公司、广东省中国旅行社股份有限公司、广东省中国青年旅行社、广东和平国际旅行社有限公司、广东国旅国际旅行社股份有限公司、广东羊城之旅国际旅行社有限公司；这 7 家旅行社与另外 3 家 2010 年营业收入总额为 100.85 亿元，比 2009 年增长 46.75%，占全市旅行社营业收入总额的 65.57%①；并且广之旅国际旅行社有限公司、广东南湖国际旅行社有限责任公司、广东省中国旅行社股份有限公司、广东国旅国际旅行社股份有限公司、广东羊城之旅国际旅行社有限公司也同时位于经营盈利前 10 名的企业之中，很明显接受访谈的旅行社在广州旅行社市场中占有“半壁江山”的地位。

2. 企业购买方访谈对象

所调查企业的行业类型包含经常使用奖励旅游的保险业、汽车制造业、医疗器械、化妆品等；企业性质有外资独资、国有、合资、民营等几种形式，企业组织形式多数为具有直接生产、销售性

---

① 数据来源：《2010 年广州旅游统计年鉴》，广州市旅游局。

质的企业，也包括具有咨询性质的第三方机构，具体情况如以下表3－1、表3－2所示。

表3－1　受访旅行社编码表

序号	编码	旅行社名称
1	TGZL01(1－3)	广之旅国际旅行社股份有限公司(董事会、奖励旅游中心、会展公司各1人次)
2	TGL02(1－2)	广东国旅国际旅行社股份有限公司(入境部、国内部各1人次)
3	TZL03－1	广东省中国旅行社股份有限公司
4	TZQL04－1	中青旅广州国际旅行社有限公司
5	TYCZL05(1－2)	广东羊城之旅国际旅行社有限公司(总部、门市部各1人次)
6	TGQL06(1－2)	广东省中国青年旅行社(总经理、会奖部经理各1人次)
7	TGKHL07－1	广州康辉国际旅行社有限公司
8	TJYHL08－1	广州交易会国际旅行社有限公司
9	TNHL09－1	广东南湖国际旅行社有限责任公司
10	THPL10－1	广州市和平国际旅行社有限公司

说明：本表为笔者整理。

表3－2　受访企业编码表

序号	编号	企业名称	行业类别	企业性质	受访部门
1	CSHG01－1	中国石油化工股份有限公司广州分公司	石油化工	国有全资	工会
2	CGF02－1	广州发展集团有限公司	综合能源	国有全资控股	工会
3	CRQ03(1－2)	广州燃气集团有限公司	天然气	国有全资	办公室2人次
4	CQP04－1	广东省企业培训协会	咨询、交流	社团组织	秘书处

续表

序号	编号	企业名称	行业类别	企业性质	受访部门
5	CNY05 - 1	广东南油对外服务有限公司	人力资源	股份有限	办公室
6	CLB06 - 1	广州立白企业集团有限公司	日化	民营股份	公关部
7	CSZ07 - 1	广州市市政工程设计研究院	市政公用	国有全资控股	人力资源部
8	CSX08 - 1	广州松下空调器有限公司	制造业	中日合资	系长
9	CME09 - 1	摩恩广州公司	制造业	中美合资	行政部
10	CJT10 - 1	杰特生物医疗（亚太区）有限公司	医疗	美资	行政部
11	CFT11 - 1	广州丰田汽车有限公司	汽车	中日合资	培训部
12	CZR12 - 1	中国人寿保险公司广东省分公司	保险	国有控股	办公室
13	CXC13 - 1	信诚人寿保险公司广州分公司	保险	英资	销售部（2次）
14	CYB14 - 1	友邦保险广东分公司	保险	美资	销售部
15	CBE15 - 1	拜耳材料科技（中国）有限公司广州联络处	制造业	德资	行政部
16	CXN16 - 1	仙妮蕾德国际集团	保健化妆	美资	市场部

说明：本表为笔者整理，出于访谈前的承诺及尊重个人观点的考虑，隐去了受访对象的姓名、职位。

3. 参与式观察对象选择

在经过对10家旅行社访谈之后的比较中，选择有独立部门经营、理念先进、经营相对成熟的X旅行社①奖励旅游中心作为参与式观察的对象。

① 为了保护调研企业的信息，此处隐去其真实名称，用X旅行社代替。

独立部门运作。X 旅行社奖励旅游中心于 2007 年成立独立部门，之前属于出境游总部的团体销售中心，随着市场多元化发展与业务运作的专业化要求，团体销售中心目前已演化成为包括奖励旅游中心、会展服务中心、公商务中心及一般团体销售中心在内的四个部分，组成了公商务会奖事务部，直接归属于公司经营班子领导。

经营业绩好。奖励旅游中心自成立以来，2008 年营收入 5155.31 万元，营业毛利 470.68 万元，2009 年实现营收 3926.3 万，创造营业毛利近 458.98 万元，2010 年实现营业收入 6639.5 万元，创造营业毛利 807.3 万元，奖励旅游市场需求呈增长趋势。[①] 在公商务会奖事业部总体经营业绩中，奖励旅游中心经营效益也高于总体水平，营业毛利率相对于其他形式的包团旅游要高出 3～4 个百分点，成为商务旅游市场中增长最快且利润率最高的一部分业态，见表 3－4。

表 3－3　X 旅行社奖励旅游中心与团体总部经营状况比较表

营业收入(万元)			营业毛利(万元)			营业毛利率(%)		
	2010 年	2009 年	2008 年	2010 年	2009 年	2008 年	2010	2009	2008
公商务会奖事业部	34982.78	31577.31	33120.81	3100.09	2614.75	2579.80	8.86	8.28	7.79
奖励旅游中心	6639.5	3926.3	5155.31	807.3	458.98	470.68	12.16	11.69	9.13

资料来源：X 旅行社出境游总部。

经营经验成熟。近几年，该奖励旅游中心先后接待了一些大型的奖励旅游团，如表 3－4。

① 资料来源：X 旅行社奖励旅游中心。

表 3-4 X 旅行社奖励旅游中心接待奖励旅游团情况

单位：人

年份	项目	人数
2008	仙妮蕾德/日本	600
	亨氏/澳洲	200
	李锦记/巴厘岛	220
	无限极/澳大利亚	500
2009	松下电器/查赛班	200
	信诚人寿/美国	160
	罗氏制药/马来西亚	100
	仙妮蕾德/香港	1000
2010	广州松下/法国	140
	雅芳(中国)/日本	400
	无限极/马来西亚	1500
	广东天普生化/瑞士	50
	东风日产/瑞士	140

第三节 调研过程与数据收集

本书研究的调查可分为以下几个阶段。

(1) 旅行社访谈：此部分调研最初起始于 2009 年 7 月对广之旅、广东国旅的初步访谈，属于预调研的性质，之后的访谈集中于 2010 年 6 ~ 7 月进行，共对 10 家旅行社相关负责人共 15 人次进行了面对面深度访谈，所有访谈全部录音，事后誊写整理，不清楚的信息，进一步电话确认。

(2) 旅行社参与式观察：此阶段于 2011 年 3 ~ 5 月于 X 旅行

社奖励旅游中心进行，除了观察、记录交易中各主体的特征与关系外，还完成了以下两方面的任务：一是通过旅行社获得了一些企业访谈的可进入性；二是奖励旅游者的问卷设计是在与奖励旅游中心的3位经理进行深入讨论的前提下完成的。

（3）企业访谈：此阶段与旅行社的参与式观察阶段交叉进行，主要集中在2011年4~5月，主要是面对面、电话访谈两种途径，全部录音誊写整理，不清楚的信息，同样进一步电话确认。

（4）奖励旅游者问卷调查：此部分共分三个阶段进行。

第一阶段：在使用奖励旅游成熟的两家企业信诚人寿与友邦保险公司中对18位参加公司奖励旅游至少5次以上的人员进行电话访谈，时间集中在2011年3月、4月。目的是为问卷设计提供信息，同时作为对文献的补充，见表3-5。

表3-5　奖励旅游者访谈对象编码

序号	编号	人员	特征	单位
1	VF01-F	付女士	驴友,未婚,职级不算高	信诚
2	VHF02-F	侯女士	驴友,未婚,培训资深主管,背包族	信诚
3	VH03-M	郝先生	入职时间长,中层管理人员	信诚
4	VW04-F	吴女士	年轻,入职时间不长	信诚
5	VT05-F	谭女士	年轻,初级人员	信诚
6	VW06-F	吴女士	中级人员	信诚
7	VL07-F	李女士	任职很久了,曾经做经理助理	信诚
8	VG08-F	甘女士	资深经理级	信诚
9	VHU09-F	黄女士	资深主管	信诚
10	VCA10-M	曹先生	业务主管	信诚
11	VCH11-M	陈先生	资深高级管理者,团队负责人	信诚
12	VHE12-M	何先生	业务主管	友邦

续表

序号	编号	人员	特征	单位
13	VHU13 - M	黄先生	资深经理	友邦
14	VH14 - F	侯女士	业务主管,年轻	友邦
15	VL15 - F	罗女士	业务主管,入职时间长	友邦
16	VZ16 - M	张先生	营业主任	友邦
17	VC17 - M	陈先生	资深总监	友邦
18	VX18 - F	胥女士	资深主管	信诚

资料来源：本表内容为笔者整理。

第二阶段：将初步设计的问卷与旅行社专业人员讨论之后对25位奖励旅游者进行了预测，根据结果对问卷内容进行了调整。

表3-6　X旅行社参与式观察对象编码

序号	编号	人员	职位
1	GJ01 - M	蔡先生	奖励旅游中心总经理
2	GJ02 - F	黄女士	奖励旅游中心国内经理
3	GJ03 - M	李先生	出境游团体销售中心
4	GJ04 - F	白女士	奖励旅游中心经理
5	GJ05 - F	易小姐	奖励旅游中心业务主管
6	GJ06 - F	杨女士	国内采购部总经理
7	GJ07 - F	邱女士	航空采购总经理

资料来源：本表内容为笔者整理。

第三阶段：对来自6家旅行社的共22家企业的奖励旅游者进行问卷调查，时间集中在2011年5月至2011年6月之间，问卷回收后运用SPSS16.0进行了描述统计、因子分析、聚类分析、相关性检验、卡方检验等数据分析。

第四节 研究路径框架

本研究的路径如图 3－1：

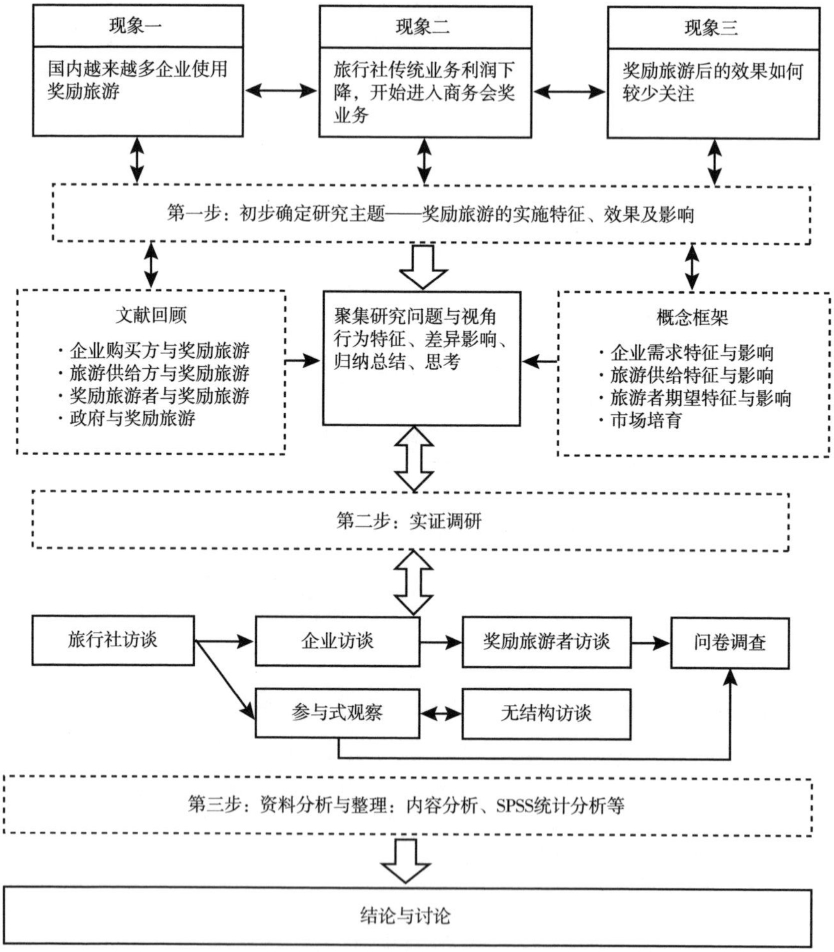

图 3－1　研究路径示意

第四章 购买方企业的需求特征及影响因素

第一节 奖励旅游市场基本特征

在第一阶段对15位旅行社相关负责人深度访谈及文献阅读的基础上，归纳出目前广州奖励旅游市场基本特征如下。

一 市场需求方面

购买者主要来自外资企业，占到总数的60%以上，民营企业和股份制企业大约占到35%，而国有企业仅仅占到总数的5%。行业类别涵盖保险公司、化妆品、直销业、大型制造业、金融、通信、制药企业等。奖励旅游发展的地域性明显，全国范围看北京、上海、广州发展领先，并以北京更佳，因其聚集了大批外资企业的总部或分公司。广州主要是总部在华南地区的外资企业支撑着这个市场的大量需求，同时由于在华南地区外资企业与民营企业所占比例远远大于国有企业，可以预见的是奖励旅游市场有较大的发展潜力和空间。

二　产品特征方面

奖励旅游对行程中的活动要求更为多样化与个性化，目前会议、主题晚宴、培训及团队素拓是主要活动。特别是会议在奖励旅游中相当普遍，“外资及民营企业60%的奖励旅游，都会有会议，并不是专业的研讨会，而是表彰会居多”。

奖励旅游的淡旺季与常规旅游不同，散客团出游高峰期恰恰是奖励旅游的淡季，而年终、年初则是其旺季，大多数企业会在年终奖励员工或年初计划制定后鼓励员工，因而组织出行。

三　表现形态方面

目前广州市场上的奖励旅游主要有三种表现形态：一种是国内游，通常要求办手续要快、行程安排要快捷、方便，在线路策划、个性服务等方面创新程度较低，利润空间不高，有时甚至会低于常规观光团，主要在国企与民企中采用较多；一种是出境游，定制化程度高、行程易变动、规模较大，利润相对较高。目的地以东南亚海岛、日韩、澳大利亚居多，但欧美等远程线路也不断增加，消费水平不一，主要是以华南地区为总部的外企居多，国企与民企也呈上升趋势；最后是入境游，这部分市场在广州目前还不成熟，国际奖励旅游入境团还较少，主要是承接国外各类奖励旅游机构（Incentive House）等的入境团，相当于地接社。

四　服务特征方面

奖励旅游团要求量身定制服务，前期策划很关键，周期很长，需提前较长时间报价，不可预见成本高，因此需综合考虑价格影响因素；行程中变化多、需要迅速优质处理，并需要对各分供应商（酒店、航空公司等）有很强的操控能力，需要制定风险规避方案。服务细节上要植入企业文化元素，同时要维护奖励旅游者的精英理念，达到企业购买方与奖励旅游者的双重满意。

第二节 基于企业购买目的的奖励旅游类型特征

本书在对16家企业相关负责人深度访谈的基础上，运用归纳式类型学的逻辑，从一组问题开始，比较不同个案之间的差异性。通过反复验证与思考，根据共有的元素，归纳为三种类型：基于业绩型的奖励旅游、基于奖励性质的商务旅游、基于福利型的奖励旅游。

分类依据以企业购买奖励旅游的目的为标准，受不同目的的影响企业在购买市场上表现出明显的差异性，此种分类能更好地反映市场现实，对各运作主体具有更好的指导意义。此种分类依据与预先设想的以企业性质（国企、外企、民企）分类不同是因为在调查中发现，国企中亦有奖励旅游做得很好的企业，目的明确且成为一种管理工具，而外资企业中亦有使用目的不明确、运作不规范的企业，企业性质的不同不足以导致奖励旅游的类型差异最大化，只有目的不同是导致差异化的最主要原因。

一 基于业绩型的奖励旅游

此种奖励旅游是最与国际接轨的奖励旅游类型，以保险业、化妆品、直销行业为代表，企业类型以外资为主，是市场中的“先行者”与“示范者”。使用对象多是业绩可以量化的、以销售为主的员工，因其有完善的绩效考核制度作为保证，规模从几十人到几百人不等，使用频率较高，大规模的奖励旅游每年至少两到三次。另外，经销商也是一种主要的使用对象，无论是在制造型还是销售型的企业中，经销商的使用都很普遍。且旅游档次高、要求多，参加人员的精英意识强。最后一类即是对顾客的奖励，这种类型的奖励旅游的使用有降低的趋势。三类使用对象均需经过严格的考核选拔制度。

奖励旅游已成为一种纯粹的激励型“管理工具”融入企业的日常管理工作中了。表现出如下特征。

（一）运作制度化

有独立的部门或人员负责，通常是销售支持部或市场部负责此项工作，很多大型国际公司会设置有自己的一个旅游部门（corporate travel department），或者独立的岗位设置负责此工作，最常见的是某人的岗位职责中有此方面的规定，不独立设岗，是一个项目型的岗位。

按照产品的生命周期及业绩情况，制定不同时期的旅游计划。

> 我们会在点位上有考量，业务都是有淡旺季之分，通常将旅游推动活动开始与结束的两个点放在业务的淡季上，春节结束之后无论是销售人员的信心还是市场的购买意愿相对都会弱些，此时起动旅游激励计划，激发销售员的进取心；正常业务周期就不需要了；一年结束时，11～12月年度目标冲刺时，也特别需要做好。（CXC13－1）[①]

① CXXXX为企业访谈对象；TXXXX为旅行社访谈对象；VXXX为奖励旅游者访谈对象，GXXX为参与式观察访谈对象，下同。

预算的规范化、制度化是奖励旅游实施的前提。此类型的奖励旅游预算是作为员工的收入，而非成本开支，个人需交纳个人所得税。由于每年的销售费用比例是相对变化不会太大的指标，企业根据每年可预估的销售业绩估算出销售环节可以投放的销售费用，其中一块专门是激励费用，最大一部分就是用作旅游奖励。

值得提出的是，在个别国有企业中，奖励旅游的使用历程也很久且运作规范，如对于劳动模范、先进党员的表彰奖励，都是基于严格的业绩考核基础上选拔出，只是宣传少，规模小，在市场上份额不大。

（二）需求定制化

奖励旅游作为一种高端商务旅游，与常规休闲旅游不同，表现出极强的定制化的需求特征。作为一种组织购买行为，其购买动机具有双重性。一方面要充分宣扬企业文化，起到“示范效应”；另一方面要让参与者满意与惊奇。

> “您想想，要在悉尼歌剧院的上空放烟花并打出我们公司的LOGO，那是怎样一种心情啊？”“在瑞士冬天白雪茫茫的小镇上，我们都穿上为我们特制的当地绿色民族服装‘招摇过市’时，那是怎样的一种自豪感啊！”（VX18－F）

为了满足这种高端定制化需求，企业在整个购买过程中表现出高度的参与性，对旅游信息的熟悉度高。首先，在方案策划时，需要双方的沟通与甄选来确定旅游主题，买方的意愿要充分表达，通常团队成行前会进行踩线，决策周期较长。其次，行程中除了对各种硬件设施的要求外，对服务的个性化程度要求高，特别是对导游的要求高。

比如对保险公司的企业文化，对它的管理风格，它去的这个团队是管理团队、营销团队还是员工团队，这些人的思想，他们对社会、对经济的热点、对保险市场的看法，对人的职业规划，导游要有这方面的高于对待普通消费者的这种交流能力，所以旅行社不能用对待普通客户的水准来对待保险公司，特别是大的公司，不仅是能满足保险公司的需要，在此基础上要能创新，让保险公司眼前一亮，那就成了。(CZR12－1)

最后反映在合同签订上，报价的形式与常规的“一揽子”报价不同，绝大多数企业需要旅行社拆分报价，即酒店、航空、景点的费用拆分来报，旅行社收取的服务费的比例是企业认可的，也即利润空间的大小企业是清楚的。

我们是需要拆分报价的，旅行社的利润空间多少是我可以接受的，要看人数，人数少的话，10%～20%。人数多的话，比如100～200人，那你旅行社就不能太多，8%左右我们就可以去考虑了吧。(CNY05－1)

(三) 收益的关注度高

投资收益率（ROI Return on Investment）[①] 是近年国际上用来衡量动机类项目（Motivational Experience Program）收益的重要指

① 据SITE的介绍，ROI是将举办奖励旅游项目所增加的利润额与投入成本总额之间的比例关系。通常使用在对销售类项目的衡量中。以某企业为例：MYM5000万（销售额的基础）×15%（期望提升比率）＝MYM750万（增加的销售额）；MYM750万增加的销售额×30%（毛利率）＝MYM225万（增加的利润额）；MYM750万增加的销售额×20%（奖励旅游项目的成本比率）＝MYM150万（奖励旅游项目花费的总成本）；ROI＝MYM225万（增加的利润额）÷MYM150万（项目成本额）＝150%。

标之一。越来越多的企业表示对此指标表示关注，特别是在经济动荡时期，ROI 的高低成为其是否举办奖励旅游的决定性因素。

当奖励旅游被作为一种管理工具使用时，整个项目的成本始终与增加的销售额挂钩，也进一步反映了此类奖励旅游的预算来自员工创造的价值，是一种收入的回馈，而非成本开支。

近年在非销售类的奖励旅游项目中也得到广泛应用，普遍使用的 ROO（Return on Objective）衡量方式也多样化：如完成目标的人数是否增加？参加项目的人员的友情是否有变化？对目的地体验的反馈如何？雇员的满意度、忠诚度是否提高，等等。

ROI 或 ROO 强调的是一种理念，企业在组织激励型奖励旅游的活动时通常具有强烈的成果导向意识，在所调查的此类活动中，尽管使用 ROI 或 ROO 作为直接衡量工具的还不多，但大家都表现出对收益结果的强烈关注。首先，对销售业绩的促进作用是不容置疑的，其次，更多是表现在企业文化的宣扬，增加参与者之间的交流与沟通上。

> 我们就是想包机，一趟走不了，也没关系，我们要的就是这个气势。(CXN16－1)

二　基于奖励性质的商务旅游

此类型的奖励旅游目前在中国市场中占有的份额最大，因其或多或少与商务活动如会议、培训等结合在一起。之所以不同于商务旅游的区别在于并非“是指因直接工作需要及与其相关联的一切偶然性活动所引发的非自由支配的旅行”。而是可自由决定时间、目的地及活动类型的对参与人员来说带有奖励性质的商务活动，如各种单位团体的会议交流、参观培训等。因其与企业正常业务要求的旅游活动边界难以界定而弱化了其奖励的性质。具有如下特征。

（一）随机性较大，制度化程度低

此类旅游因成行的时间、费用、参与人员都没有相应的制度规范，所以表现出较大的随机性。首先，预算的非固定化使此类活动表现出时有时无的特征；活动举办的时间上也与通常的奖励旅游淡旺季周期不同；其次，参与人员因不是基于某一考核标准选拔出来的，对旅游活动的意义认识不一。

此类型的奖励旅游组织者可以是企业本身，也可以是协会或社团机构。尽管具有奖励的性质，但在名称上却不以“奖励旅游”的名称命名。

> 就目前的情况而言，也变相实施了某种奖励旅游了，但这种方式一定和西方的是不同的，比如，开个会，出个差，做个培训，本质上讲确是一种学习，但可能觉得这人工作得好，工作更积极，对他培训发展潜力更大，的确也存在这种倾向，你承不承认不由你定，的确存在了，那去的人就会很高兴，压力会很大，除了出差外，还有放松的成分，休闲的成分，另外的人工作不出色的就没有怨言，工作也差不多的，就想下次是不是轮到我？但这种东西目前还没办法制度化，不能成文。（CRQ03－1）

（二）临时性要求多且变化快

此类团在线路策划、个性服务等方面创新程度较低，但通常要求办理各种手续要快、行程安排要快捷、方便；对服务硬件设施要求较高，会出现各种临时性的变化，要求导游的应变能力要强。行程中常伴有培训、讲座、会议、交流等各种商务活动。对价格相对不敏感，只要在预算范围内通常不会要求拆分报价。

目前还是一揽子报价，不需要知道各项的具体价格，反正能在公司的预算内，是公司活动的吗！（CNY05－1）

（三）对效果的关注不同

因与商务活动结合在一起，对效果的关注也就很难以成本收益进行衡量。即使在其他方面的收效上，也表现出与业绩型的奖励旅游较大的不同。主要表现在对外宣传上，对这种带有“炫耀色彩”的奖励旅游活动很少提及。企业内部的评价也较少，对风险的防范意识很强，安全是最重要的考虑因素之一。

做了不说，不宣传。若是上了网，网上说了就很麻烦，他们的效益这么好？其实我们的人也不多，就是些很顶尖的人。（CSHG01－1）

三　基于福利型的奖励旅游

此种类型的奖励旅游目前在市场的接受程度最高，旅游成为其福利产品的一种形式。在各种性质的业务中使用都较普遍，效果也被普遍认可，以国企最具代表性。

旅游已不能简单当作旅游了，2000～3000元发在手里与组织旅游效果是完全不同的，前者很快就忘了。这两年我们工作比较重，我们就没有组织，就发卡，购物卡给大家，员工就会问“什么时候组织旅游啊？”（CGF02－1）

（一）常态、运作制度化程度较高

作为工会组织的一种福利形式，参与对象面向全体员工，预算来源于工会经费，运作规范化程度高。但使用也受一定的限制，特别是在国企中，不同的领导风格不同，对旅游奖励的价值认知也不同，因此其使用与个人的倾向性有较大关系。

（二）需求的定制化要求不高

作为企业全体员工享受的福利，参与人数较多，同时受预算费用的限制，线路策划的个性化要求不高，但需要有鲜明的主题特色，特别是在国企中反映突出。因此在目的地选择上就有一定限制，如红色旅游目的地、爱国主义教育基地等。

> 我个人觉得要能与红色之旅、扶贫、爱国主义教育等结合在一起最好，有思想，有主题。一是领导会支持你；二是员工现在是有思想，有觉悟的，大家也不太希望单纯的去玩，总想做点有意义的事，员工思想上去了；这种形式的旅游对职工的教育印象很深刻。（CGF02－1）

在具体行程中对餐饮标准、交通车的新旧程度关注较多，档次高于常规的散客团，对价格较敏感，不要求旅行社拆分报价。

（三）对效果的关注在内部

此类奖励旅游对效果的关注主要体现在企业内部的交流与宣传上，对活动组织水平的口头评价上，不做详细的收益分析。

> 因为只是福利吗，不可能成为一个规范的东西，我们就是一家公司，组织了这种活动，各方面感觉不错，感觉到舒服就行，这是我们唯一的衡量标准；回来对员工进行的反馈主要是对组织者的考核了。（CJT10－1）

从企业购买方的目的来看，市场中存在三种类型的奖励旅游，呈现出不同的购买行为特征，现归纳如表4－1。

表4－1 基于企业购买方的三种类型奖励旅游特征比较

类型		基于业绩型的奖励旅游	基于奖励性质的商务旅游	基于福利型的奖励旅游
制度化程度	组织部门	销售部、市场部、工会	行政、培训	工会
	使用对象	严格考核选拔	随机	全员
	预算性质	成本开支:员工收入	成本开支:行政、培训	成本开支:工会费
	使用频率	中	高	低
需求定制化	策划参与度	高	中	低
	报价方式	拆分	一揽子	一揽子
	个性化要求	高	中	低
	活动类型	旅游为主	会议、培训结合	主题教育
对效果关注度	动机	激励工具	奖励＋福利	福利
	宣传	强调对外示范	不宣传	强调对内
	效果关注	业绩提升、企业文化	活动组织效果	员工认可、活动组织效果
	评价标准	可量化	随机	随机

第三节 企业购买奖励旅游的内部影响因素分析

奖励旅游作为一种组织行为，影响需求的因素除了通常所说的旅游的两大基本条件“钱”“闲”外还涉及更多组织层面的因素。尽管不同的组织在奖励旅游类型、机构设置、组织流程等方面各有差异，但在影响需求的因素方面大多数组织却具有相似性。

在组织购买行为决策的影响因素研究中，有如下四种因素：清晰度（Articulation）即是否有独立运作的部门、是否有专门人员执行及购买是否组织中例常的工作之一；规范化程度（Formalization）即购买中的各种行为、关系是否有制度及程序要求；分析的深度（Depth of analysis）即是否使用各种财务、技术性工具分析采购目标及行为的程度；集权化程度（Centralization）指决策小组中不同管理层次责任的分散程度，包括人员的来源、决策权力的大小、不同层次的管理职位的责任等。这四种因素被认为是影响组织购买行为决策的主要因素，涉及与购买行为相关的决策权力的集中性、运作的制度化及分析的技术化等方面，虽然这种分析是基于对工业企业组织购买有形产品的研究，但为组织购买行为决策的影响性分析提供了坚实的理论依据。（Kotteaku，A G L L，1995；Laios，L A X E，1994；McCabe，D L，1987）

本书研究在对企业访谈资料分析的过程中，对于第一类基于业绩型的奖励旅游的共性特征进行聚集、同时对第二类基于奖励性质的商务旅游以及第三类基于福利性的奖励旅游在组织活动中的制约性因素进行归纳，并立足于旅游作为组织服务产品的特殊性在购买目的、决策程序、技术复杂度等方面与有形产品的购买不同为出发点，结合中国情境，借鉴上述四种因素，提出影响企业购买奖励旅游的影响因素：组织内相关制度化程度、组织内管理者个人决策导向、组织社会影响的考虑。

一　组织内相关制度化程度

旅游产品对企业来说在需求的迫切性、购买成本的大小、购买流程的复杂性及技术含量等方面都不及与影响企业生产、营销的其他产品的重要性及影响力大。因此在企业购买决策过程中存在临时性、随意性的特点。这点在第二、三类型的奖励旅游中表现突出。

（一）是否有独立的预算保证

在第一、三类型的奖励旅游中，尽管预算的来源不同，但每年都有独立的预算保证，保证了奖励旅游活动的连贯性与公开性。而基于福利型的奖励旅游由于费用的限制，使其在活动的范围与规模上要小很多。而第二类奖励旅游由于预算的临时性与不确定性，导致其活动的随意性大，且会在购买行为中出现不规范的情况。

> 我们在预算之初就有这笔费用，就是运用于旅游活动的，就不会存在报销方面的问题，我们要交个人所得税的，就不存在法律上的障碍。（CXC13－1）

这也说明为何在第二类的奖励旅游中，很多奖励旅游活动会冠名以培训、考察等，因培训费用是企业按规定可以每年计提的，有制度的支持。

> 我们很少是单纯以旅游的名义出去的，通常以培训、考察或爱国主义教育的名义进行，这样一方面领导容易审批，另一方面有预算的名目。（CGF02－1）

（二）是否有独立的部门运作

经常使用奖励旅游的企业通常有独立的部门运作，或独立的岗位设置或至少是相关岗位的职责中对此有专门的规定。Shedon（1995）的研究中也证明了此点，企业内部若有独立的旅游部门的设置则会促进企业使用此种激励方式。

（三）考核标准的难易程度

旅游这种带有炫耀性色彩的奖励活动从组织者角度看，期望起到良好的示范效应，从而达到激励员工的效果，否则将适得其反。

这依赖于完善严密的考核标准的执行。国内外奖励旅游的使用量的70% ~80%是属于销售型的岗位正说明了这点，因为可量化的绩效考核标准无疑具有使用优势。

> 奖励旅游主要是给大家一个示范作用，其实成本还是很高的，人数不能太多，否则激励作用就有限了。一定要选精英中的精英，要选的好，不然负面作用就会很大。我们这个搞出来，是大家认可的，就可以大大宣传，不然投诉就来了。(CSHG01 -1)

值得提出的是，在SITE2010年的专题报告中指出，目前使用奖励旅游的非销售类认知推动的占到57.1%，岗位种类也涉及办公室人员、质量控制人员、研发人员及计划与工程人员等非销售类岗位，这反映出国内外在使用奖励旅游上的差异。(Foundation, S I, 2010)

(四) 组织战略的关联度

奖励旅游的实施是在组织提供“钱”“闲”的基础上的一种管理行为。在生产时间与旅游时间的协调上需要组织有长远的规划，与组织战略有完善的结合，这样才能在保证生产的前提下有计划实施奖励旅游，并且根据企业战略的变化与营销理念的转变而调整奖励旅游的主题与活动频率。奖励旅游的持久激励效果才能凸显。

二　组织内管理者个人决策导向

Webster等（1972）强调企业购买决策最终是由个人做出而不是组织决定的，所有企业的购买决策都是在有组织的相互影响的基础上产生的一种个人行为，只有“个人”才可以确定问题，做出决策并采取行动。组织内管理者个人的决策导向对奖励旅游起显著的影响作用，主要是体现在如下几个方面。

（一）个人的领导风格

组织中的管理者往往拥有正式的合法性力量，相关人员在制定决策的过程中往往直接或间接地受到高层管理者的影响，尤其在购买意见发生分歧的时候，管理者的偏好或者意见将直接决定最终采购决策的制定。（李桂华、卢宏亮、刘峰，2010）激进型的领导会更倾向于这种短期的具有明显推动性的营销方式，而保守型的领导更倾向于对企业员工采取其他的激励方式。

> 如果一个企业领导有这个想法或意愿的话，这种方式推广难度是不大的，因为任何一个企业都要表彰先进，就要看他们的理解和接受程度了。（CLB06－1）

（二）对风险的预估

组织外出旅游是一种风险较大的行为。通常参加奖励旅游活动的人都是组织的精英或具有较高人力资源价值的员工，加上旅游产品是生产与消费同时进行的活动，行程中风险的不可预估性高，增加了组织者对安全的担忧。

> 因为很不容易的带团出去，主要是安全问题，我们了解到有一个企业做团，整车人都没有了。都是精英，责任大。对我们来说，风险不可控。很难做。要做也只能是小规模的。（CSZ07－1）
>
> 旅游作为奖励承担更多风险，因为感受因人不同，各有各的评价嘛，谁审批谁负责，相对于同样成本的商品来说，后者更直接，方便。（TYCZL05－1）

此外，风险来自倡导者对效果的担忧。目前国内外对奖励旅游活动效果的衡量还存在很多不确定因素，加之国内对 ROI 的认识还很局限，相关量化资料也不完善，最终效果的衡量只能是在行程结束后通过对参加人员的“非正式渠道的沟通”来获得，局限于对活动组织者的一个评价而已，并且这种评价受主观影响大，组织者担心“费力不讨好”。这种现象在国企中表现较明显，更倾向于采取发放物品或奖金的形式因其易于操作且风险小。

（三）对旅游激励价值的认识

旅游作为一种能满足人类休闲本质的最彻底的激励方式（Ricci，P R and Holland，S M，1992），是一种带有炫耀色彩的活动可满足员工的自我实现需求，强化其个体认同感与荣誉感，能激发更高的工作目标，对基层员工来说激励意义更大。

在旅游行程中，人们之间的社会关系可以不再循规蹈矩、等级森严和冷漠疏远，而是亲密无间、彼此平等，在此过程中，世俗社会中等级与身份的象征被摒弃，人们感受到他们是作为单纯的个人在相互交流，而不是戴着社会角色的面具来相互试探。（NelsonGraburn，伍乐平译，2009）

我们基层员工的团，都会有一个中层干部做领队，还要有一个有责任心的班组长作安全员一起出团，必须设置的，这是我们的文化。不能全部一线员工去，一是领导做领队，行程中有些事情要做决策，另一方面，拉近领导与员工之间的关系，对领导来说，不在于旅游的本身，在于可能了解了更多的员工的想法，领导和员工开恳谈会，就是坐下来谈了，平时生产线上的一些员工对领导不太熟的，不太敢讲，但在旅游时问到，员工就会第一时间告诉你的实际情况如何。作为员工，感觉高兴能和领导一起去。沟通无障碍。从这个角度看，收获还是很

大的。只有在平常的生活中融入进去，才能平等交流。(CGF02-1)

奖励旅游效果的实现具有长期性与隐性的特点，组织过程复杂，若组织决策者不能很好地认识到这点，则会更倾向于采取风险相对小、短期见效的激励方式。

三　组织社会影响的考虑

奖励旅游的示范效应是组织决策时考虑的重要因素之一。对于基于业绩型的奖励旅游，希望借助奖励旅游活动将组织形象充分宣扬，更多地融入企业文化的元素与策划，甚至于不惜重金包装宣传。同行的示范效应非常明显，“别人用了我们也要用”。

作为一间公司我们需要呈现出有品位的活动，让我们所有内外伙伴都的确可以感觉到他是在一家有品位、有品质的公司工作，对促进员工的进取心与归属感都是会有比较大的帮忙，通过这种有品位的活动对我们招聘会带来影响，因为我们的行业是以绩效为导向的，很多人不缺少物质方面的东西，给以这种奖励其实也是对其价值的一种体现，也是一种荣誉。(CYB14-1)

而对于第二、三类奖励旅游来说，对示范效应的考虑则存在较大差异，如更担忧活动所带来的社会负面影响上。

这种理念在国企里还是有些超前，考虑到这种稳定性啊，员工稳定性啊，员工与员工之间的平衡啊，在福利待遇方面有时都是很难调和，何况这种旅游性质的？内部的员工你要奖励我的话，你就奖励点实在的，你就奖励钱好了。经济奖励就好了，旅游我自己选择好了。这种理念也许若干年后，员工的福利水平提升了，也许会用。目前这个阶段，作为个人旅游这种奖励可以使用，但作为一个企业来讲，将旅游作为一种福利，现在这个阶段还偏早了点？对外的话，还要考虑社会影响，在这种环境下，好像还没有形成这样一种共识，你一个国企即使企业效益好的话，你有这样的实力、这样的资金去旅游，但你组织去旅游，其他的相关的行业会有何看法？（CRQ03－1）

综上所述，奖励旅游在国外作为一种管理工具，影响企业需求的更多是组织运作层面的因素，如清晰度（Articulation）、规范化程度（Formalization）、分析的深度（Depth of analysis）及组织集权化程度（Centralization）。而中国情境下的奖励旅游除了受到组织结构、制度层面的影响外，组织内管理者的决策风格及活动的社会影响都成为重要的影响因素。

第四节 企业购买奖励旅游的外部环境影响

以上仅从组织内部的角度对影响企业组织奖励旅游的因素进行了分析，外部环境在企业奖励旅游的过程中具有举足轻重的作用。

一 经济环境的推动

奖励旅游作为企业的非必需消费品，宏观经济、法律、社会、文化环境及信息管理技术的变化都直接影响其需求弹性，在商务旅行的所有形式中，奖励旅游是最易变的，这是一个遇上好时代就会繁荣的行业。[①] 回顾奖励旅游过去一个多世纪的发展，其需求倾向跟随于经济发展的趋势，中国经济的持续快速发展为奖励旅游的需求增长提供了广阔的空间。

据中国权威商务会奖展 CIBTM2010 的会奖业调查报告显示，在预测奖励旅游活动数量增加时的受访买家最多提到的原因有金融危机后市场在恢复；中国和亚洲经济的增长；客户对奖励活动信心的回升；很多办事处在中国开业以及扩张业务；中国是成长性市场等，显示了中国作为新型奖励旅游目的地和客源地的发展前景。其中 60% 的受调查企业买家组织了奖励旅游活动，40% 的买家组织了员工培训与激励活动，活动的参与人数也由 2009 年的平均 135 名增加到 2010 年的 200 名。（励展旅游展览集团，2010）

二 政策法规的即时影响

法律是任何企业赖以生存与经营的环境之一。就目前中国奖励旅游看，税收政策及对商务旅行的相关规定是影响潜在需求的最直接因素。在访谈中主要涉及以下几个方面。

影响之一：税收政策方面的影响

作为福利费开支，原来是根据员工的工资和人数可以计提相应的福利费开支，这个月不用可以积累到下个月，甚至积累到下一年。现在税所规定不能累计了，有的话还不能超过一定

① 罗伯·戴维森、比尤拉·库配：《商务旅行》，云南大学出版社，2006，第 168 页。

> 的幅度。整个广州市都是这样规定的，这样就没有原来灵活了。(TYCZL05 -2)

此方面的影响主要针对将奖励旅游费用计入成本开支的企业，如第二、三类奖励旅游。由于其是以福利费用（工资薪金总额的14%）、工会费用（工资薪金总额的2%）及职工培训经费（工资薪金总额的2.5%）为主要来源，在使用中会因税收政策的各种相关规定的变化而受到直接影响。①

此政策主要是针对直销、保险、化妆品、医疗器械等以销售为主的行业。访谈发现这种政策对奖励旅游需求强劲的企业来说，影响并不大。增收个人所得税并不会影响员工参加奖励旅游的积极性及企业组织奖励旅游的热情。

> 我还没听说因为要交个人所得税就不去旅游的情况，即使是现金发放也是要纳税的；只是正常的收入不需要这么高，但这个属于奖励的部分，是要20%的。(CXC13 -1)
>
> 我倒是听说过员工说回来还要给扣20%的税，那购物特别是一些税收高的商品如化妆品、手表、饰品等就多买些，要把那个税收额赚回来，呵呵。(VX18 -F)

影响之二：关于商务旅行的相关规定

旅行社承办商务旅游一直是有争议且备受关注的问题。争论之一在于旅行社开具的发票能否报销问题，为了防止公款旅游，我国

① “2004年1月，财政部、国家税务总局发出通知，企业对营销业绩突出人员组织旅游活动，通过免收差旅费、旅游费对个人实行的营销业绩奖励，应根据所发生费全额计入营销人员应税所得，依法征收个人所得税，并由提供上述费用的企业和单位代扣代缴。” http：//www.hazz -l -tax.gov.cn/doc/685.shtm，2011，2，10。

纪检监察、财税等有关部门有规定，旅行社在其所出具的发票用途栏内，只能填写“团款”或“旅游费”两种，即便旅行社为客人提供的只是单一的订票、订房等服务。并且国家机关、企事业单位、社会团体等不能凭这种旅游发票报销公务出差费用，该发票也不能记入财务成本核算。①

旅行社发票不能报销问题，政府讲了很多，很多活动委托旅行社做，但旅行社发票不能报销，对方地接社发票都不要，只有目的地的酒店、景区等发票才行，政府既然倡导，委托旅行社来经营商务旅游，并不一定就是去玩，还可以提供很多服务。尤其是国企在这方面的问题较多。(TYCZL05－2)

像公、检、法这些部门，比如广州市检察院、公安局等之类的，那旅行社发票是绝对不能用的，那他们做了，我们是不能就一张旅行社的发票过去的，还要我们用当地酒店、景点开的发票。(TGZL01－1)

旅行社是服务发票，会奖是定额发票，按收入全额纳税，旅行社接待了会奖团通常只能开旅游票，但企业方不接受，只有会议发票可以接受，这样旅行社的利润空间就没有了。(TGKHL07－1)

争论之二在于商务旅游能否成行问题。

2008 年 1 月始，也就是汶川之后，广州外办规定商务旅行一次不能去超过三个国家，每单位不能超过六个人，广州市是这样规定的，国企受政策影响很大，比如出国的人有一

① 资料来源：http：//www.chinanews.com/life/2011/01－25/2809871.shtml。

个手续方面的批复与限制问题，主要是外事部门的规定，国内花费1万元，国外都不能花3000元，主要是性质不一样，报批手续就麻烦了，因此有些团国内消费就会很高。(TYCZL05 -2)

综上所述，此类影响主要是对基于奖励性质的商务旅游而言，因其在费用预算、参加人员、出行时间及目的地选择上具有很多不确定性致使受政策法规的即时性影响大，也是与“公费旅游”“官方旅游”界限最不清楚的一类奖励旅游形式。

三　社会文化环境的隐性影响

奖励旅游的使用在欧美等国家最成熟且发达。这与其强调竞争的工作价值观及个人主义的消费观有直接的关系，美国式的奖励旅游通常意味着只能是少数优秀员工享有的排他性特权，不太注重成本，强调舒适与奢华，其他人则不能分享这种奖励。

但奖励旅游在我国则是脱胎于政府、事业机关的疗养活动，发展理念更多是作为一种福利与“论资排辈”的产物。这与我国长期以来强调集体主义有关，在奖励过程中更多的是寻求对双方都有益的结果，考虑未被奖励的对方的感受和结果的和谐。

另外，长期以来我国对休闲、旅游的认识不像西方给以很高的文化品位，认为是人类生存的基本权力，是人的灵魂和理智的一种“静观的、内在安详的和敏锐的沉思状态”（蔡红，2009），旅游是特权或富裕阶层的符号概念依然存在，特别是对奖励旅游这种带有“炫耀”色彩的活动，更易产生消极的负面影响。

事实上，奖励旅游自诞生起就一直在奢侈消费与注重节约的质疑中发展着。O’Brein（1997）在研究20世纪90年代与80年代西方企业奖励旅游的差异时指出："大多数使用奖励旅游的公司降低了每位参加者的平均消费水准，他们对旅游的理解从肤浅的摆排场转变成较高回报的奖励。"人们开始关注"道德"问题，即奖励旅游者对目的地和目的地社区生活质量的影响。"许多奖励旅游毫不掩饰的奢侈和显摆的消费可能让人反感，这种被惯坏了的贵族特有的狂欢作乐的历史形象使信奉平等、真诚和民主的人们感到不舒服。"（Ricci，P R and Holland，S M，1992）因此很多使用奖励旅游的企业寻求一些能体现社会责任感的活动，如在当地进行捐赠，举办一些联谊活动等。

这种消费意识的转变表明奖励旅游的使用更加理性与成熟，对促进国内企业对奖励旅游的认识将会起到积极的促进作用。

第五节 对影响企业购买奖励旅游的解释

中国情境下奖励旅游不是一种简单的企业活动方式，是代表组织文化、管理理念及组织社会影响的综合体，组织需求的开发具有层次性与长期性。

一 对人力资本价值增值的认识

在访谈中发现，组织内管理者的个人决策导向起着重要的影响作用。作为一种企业具有完全自主权的活动，尽管受到风险、社会影响等因素的制约，但若在管理者的强势支持下，活动的可行性仍然很大，这取决于管理者对人力资本价值的认识。20 世纪 60 年代西奥多·W. 舒尔茨就提出人力资本概念，舒尔茨认为"一个人是不能出卖自己的教育资本的，也不能将自己拥有的教育存量作为礼

品转赠他人，他的人力资本存量，在有生之年可以被使用和保持”。（高欢迎、阎薇、陈亚光，2004）

西方激励理论的发展已表明，培养有利于员工发挥主动性和创造性的组织气氛，注重非经济性激励是20世纪70年代以来激励的核心（程国平，2002）。Hamilton等（2001）认为基于共同业绩评价标准的团队显性激励能够给团队成员带来各种非货币收益，如更多的社会交往、工作多样化等，是具有团队化生产的、长期的经济利益追求的组织的最优激励安排，也是开发人力资源价值的最有效方式之一。

若组织管理者不能认识到旅游所带来的员工对企业忠诚度、企业文化建设的显性影响是一个潜移默化的过程，而缺少对人力资本长期投入的意识的话就会倾向于不采取这种风险较大且效果不易衡量的激励方式。

二　制度化保证的力量

奖励旅游目前在组织内的定位还仅仅局限于管理者对激励方式的选择上，是在有限时间和空间内进行管理的一种手段。除了基于业绩型的奖励旅游外，多数还未与企业激励制度相关联，使用的连贯性与有效性具有很大的不确定性。一方面，奖励旅游方式的选择以激励制度为背景，若不能从制度层面加以保证，就不可避免地受个人决策导向和企业生产周期的影响。制度的权威性告诉人们，制度关注的只是人们行为的合规性，排除了管理中个人偏好或独断专行的“人治”现象，彰显了一个组织管理科学、成熟、理性的一面，也为获得良好激励效果提供了不容置疑的保证（徐桂红，2004）。另一方面，为了取得良好的奖励效果，管理者决策时必须具备组织奖励旅游所需的完全理性，事先知晓奖励的全部后果，了解和正确运用各种激励的所有方式，必须有一套客观的能为所有成员接受的评价标准。事实上，管理者不可能完全做到这一点。因为，人的理性是有限性的。人的理性的有限性决定了奖励旅游有效性需要制度保证以降低管理者决策的风险与动摇（肖文、李仕明、孙平，2006）。同时，人的积极性的发挥取决于精神状态，精神状态取决于制度环境造成的组织氛围所给予人的内在动力的影响。如果一种制度环境能使人们始终保持兴奋状态，就能促使人们不断发挥其创造潜能，为组织创造更大的价值（田也壮、张莉、杨洋，2004）。

三 组织文化的作用

旅游作为奖励方式，明白无误的将组织与成员之间的交换关系准则、组织要求成员遵循的价值观和规范、个体对从组织方面能预期得到的报酬的反映是什么以更加张扬与炫耀的方式进行了说明。奖励旅游也就成为理解组织文化的一部分。美国著名组织行为学教授斯洛坎和凯尔曾提出了公司氏族文化与市场文化两种类型，其不同的特征如表 4 -2 所示。

表 4 -2 公司氏族文化与市场文化的特征比较

	氏族文化型	市场文化型
个体与组织间的关系	亲情关系 互相有长期承诺 对相互利害关系的依赖，休戚与共 具有对本公司历史、传统、风格意识等级制的结构关系	合同关系 互相有短期承诺 对个人的依赖，讲究功利主义 按成员与组织的交换条件行程相互关系
组织成员之间的关系	以具有公司成员身份而自豪 具有相互依存的意识、对同事认同 广泛的同事联系网 来自同事要求一致性的压力 强调集体而非个体的首创性，具有主人翁感	对同事保持独立性 有限的相互交往 来自同事要求一致性的有限压力 强调个体的首创性，具有主人翁感

续表

	氏族文化型	市场文化型
对公司文化的适应过程	长期而彻底的社会化过程 上级人员均为辅导教师、榜样角色和社会化工作人员 “丰富”的规范结构主宰了各种行为	社会化程度很低 上级人员都很疏远，而他们确是磋商者和资源配置者 “扁平”型规范结构主宰了少数行为

资料来源：金君《公司文化·奖励制度·成长战略》，《外国经济管理》1989年第6期，第15～19页。

在调查中发现，使用奖励旅游较多的基于业绩导向型的组织中，在个体与组织间的关系及组织成员之间的关系上更具有市场文化的特征。如在销售促进型的奖励旅游中，突出的是员工个体的绩效创新性，追求奖励结果的差异性与来自成员之间一致性的有限压力，员工与组织之间的关系是基于合同的交换关系，并非是等级制的结构关系。在这样一种市场化的组织文化中，对带来的社会影响的关注度低，更易于奖励旅游活动的实施。

> 不存在与高层拉近距离，而是高层领导与我们一起拉近距离，我们期待领导出现，目的是让员工抽弄，领导很清楚他的工资是我们创造的。(VH14－F)

而在使用奖励旅游频率相对较少的第二、三类中，组织文化更倾向于氏族型的文化特征，更关注奖励效果的和谐性及社会影响的负面作用，上下级之间的关系是一种等级制的关系，上级的榜样示范及对员工社会化的影响程度高。对奖励旅游的使用频率有一定的制约性。

基于此，影响企业购买奖励旅游的概念模型，如图4－1。存在着如下关系：管理者对组织内员工人力资本价值增值的认识是影响其做出最终决策的本质因素，而组织文化所遵循的示范效应则对其起到促进或制约的作用，制度化保证是奖励旅游连贯性与有效性的必要保证。

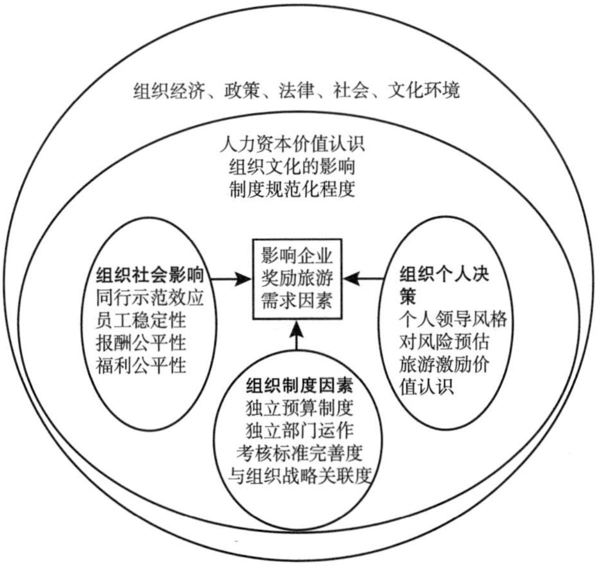

图 4-1　影响企业购买奖励旅游的概念模型

第五章 奖励旅游供给方的特征及影响因素

第一节 奖励旅游供给中间商的类型

目前市场上经营奖励旅游的中间商主要有三种类型：①第一种是传统综合型的大型旅行社，在传统包价业务的基础上，随着商务旅游市场的发展而介入此方面的业务，如广东中旅、国旅、青旅等一批综合实力强的旅行社；②第二种是规模较小、业务较集中的小型旅行社、商旅公司、公关公司等，这类中间商的创立人多数是有多年旅行社从业经验的专业人员，且多数是以旅行社的牌号注册。③第三种是在线旅游服务中间商如携程、E－游天下等，凭借其强大的网络信息资源涉足奖励旅游业务。

在目前旅游业经营环境和我国旅游产业的发展阶段中，传统旅行社经营奖励旅游业务无论在数量、规模及市场认可度上都占主体地位，一方面，相对于小型旅行社来说，其长期积累的网络资源及规模采购带来的成本优势成为购买方企业选择的重要影响因素。另一方面，相对于在线旅游服务商来讲，情感因素是任何技术所不能逾越的，行程中的个性化服务所带来的地位感与荣誉感也是技术因素所不能提供的，处在商务与旅游活动交叉点的奖励旅游会因此需求的特征而较大程度依赖于旅行社提供的定制化服务。但专业化与在线服务技术的整合将是未来商旅业务主要的发展方向。

本部分以现阶段旅游中间商主体的传统综合型旅行社为研究对象。

第二节　旅行社经营奖励旅游的特征及影响

一　组织结构的影响

（一）传统事业部制结构的弊端

我国传统旅行社的组织结构设置与其他组织一样，随着人员数量的增加、业务范围的扩张经历了直线式、直线职能式、事业部制等几个阶段。目前采用较多的是事业部制中的混合模式，即产品及市场两者结合的组织机构，如出、入境游总部下设立欧洲部、东南亚部、美非部、日韩部等；或是按职能与市场的结合，如财务部与各市场部同属于入境游中心等，见图5－1。

这种按产品、地区、顾客或市场等划分与设立的事业部（或子公司）内部都有自己完整的职能机构，此结构具有“集中决策，分散经营”的特点。旅行社最高层掌握重大问题决策权，有利于从旅行社整体确定发展战略；最高管理者通过评价、奖惩、升迁等制度，可以更好地控制下级管理者；可以通过财务预算等手段，在旅行社内部有效配置资源。（戴斌、杜江，2006）

但奖励旅游提供的是一种以客户为导向的一站式服务过程，需要旅行社内部各部门之间的紧密沟通与协调，而上述事业部制的机构设置在部门横向沟通之间增加了壁垒，信息的沟通产生遗漏、失

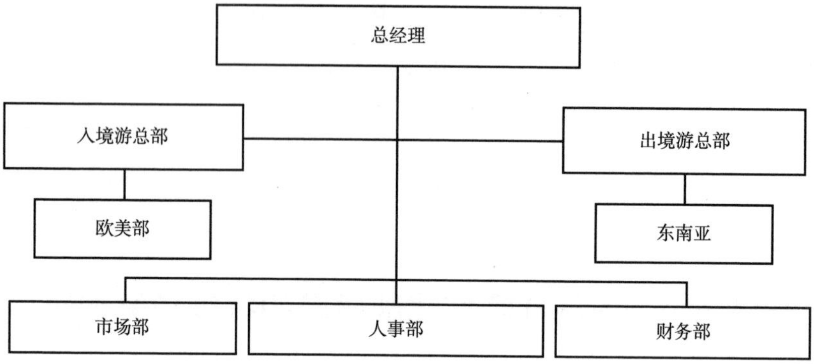

图 5－1 旅行社事业部制度组织结构示意

真；对客户的要求反应不及时；对竞争者的动态难以把握以及主观偏好影响等现象的产生，会对奖励旅游团队的运作效果产生较大影响。

某些市场部，因全组仅仅是几名同事，人手十分有限，平时操作常规团队已自顾不暇，故对会奖团这种复合需求的项目，常显得心有余而力不足。甚至对奖励旅游团队的项目有较多需求存在质疑或抵触情绪。(TCZL01－2)

我们是按客户设置的，如医药保健客户部、电信客户部、金融保险部、能源与汽车客户部等，因为我们了解不同客户的需求，不同行业的特点，哪些是可以做的，哪些是不可以做的。(THPL10－1)

在我们的投标书中我们向客人承诺，一旦中标我们就成立项目小组，开通电话服务专线随时解答客人的各种难题。(TZQL04－1)

其实应该讲 2001 年我们就有一个商旅服务公司，后来 2006 年就在旅行社板块内成立了一个公商服务 VIP 中心，就是没叫会奖旅游，重点就是做机构服务的；现在由于调整，将此方面业务又放在出境游下面叫包团销售公司的部门内，实际上是逐渐弱化了这块，接团回来一定要一起运作，不愿意再给会奖旅游的部门配备操作人员；但我是坚持这样做的，因为会奖团队一定是要专门人员运作不能和一般的观光团队一起运作，因为服务、产品要求都不一样；而且要给这个部门足够的权力；因为这样的团出去会要求不断，任何事都打电话回来给总经理不是解决的办法，但观光团基本上出去不会变的。(TZL03－1)

在所调查的旅行社中，有一半的旅行社于近两年成立了会奖中心，如广之旅、广东省青旅、广州康辉等，另一些旅行社则仍是隶属于其他部门。进一步的访谈中谈到了独立设置部门面临的障碍性。

(1) 员工安置问题。

我们做传统业务的旅行社，要实现这种向主题产品开发的转型，其中最难做的是员工安置问题、部门重组问题。事实上直客业务主要是低价竞争了，这一块是将来竞争的主要市场，但这种转型需要两三年的时间，需要一个过程。我们在这方面做得不够，虽然做了不少，但对产品的研究与关注都不够，目前也没有一套理论做指引，大家还是从传统的包团业务做奖励旅游。(TGL02－1)

(2) 考核机制问题。

我们这种综合性的公司，有自身的毛病，不专注，比如说在我们公司内部，有奖励旅游、省内游业务，又有一般出境游业务，是按毛利收入提成还是按营业收入提成？通常会是一个尺子过来，所以鼓励不了一批更专业的人士来从事新生业务，因为奖励旅游是需要培育期的，几年前我曾鼓励入境游业务的人员走出去，但出去一趟二十多万，成本投入很大。所以在这种内部机制方面还是考虑稳定啊，不要出事啊？鼓励新生业务一直很难，在这方面的动力较小。(TZL03 - 1)

(3) 销售资源问题。

按客户设置部门？旅行社最不愿意把客户控制在一个体系内，你只能接触到这个行业的客户不能接触到其他行业的，掌握客户资源对旅行社很重要，所以做包团业务的人离开了一家公司，会阶段性影响公司的经营，不是说客户一定不回来，但阶段性影响会有；但直客业务不一样，不关心谁是总经理啊，部门如何？只关心服务好不好，面对面服务好不好，基本跟着品牌走，几乎没有人情因素在里面，但机构销售不一样，人很重要。这也是中国文化决定的，没办法。举个例子，同样 100 元的东西，你比别人贵了 10 元，但关系不错，又不在乎这 10 元钱就你做了。(TZL03 - 1)

（二）奖励旅游组织结构的设置

现代管理理论认为面对环境领域不确定性的最佳反应就是权变。权变思想（Contingency Theory）认为，对所有的企业来说，并不存在统一的、在所有情况下都是最优的组织结构，对于一个特定的企业来说，最佳的组织结构形式依赖于它所面临的特定的环境，

要考虑到技术和任务的相互依赖性、信息的流动性以及分工和整合之间的平衡。(胡世伟、赵英杰，2006；徐凤增，2008)

奖励旅游本质上讲是一种知识型产品，目的地信息、组织文化、企业管理、游客心理体验特征等的获得、转换和应用贯穿在经营决策的整个过程中，需要团队成员的共同努力与头脑碰撞，是一个需要不断沟通交流与变化的过程。

网络型组织结构是一种基于信息与网络共享基础上的组织边界模糊，成员可以自由流动且自主决策的灵活开放的系统，团队成员致力于共同宗旨和绩效目标，并且共同承担责任，努力创造整个团队的竞争优势。(张显春，2003)

奖励旅游的产品特性与市场竞争环境决定了与网络型组织结构具有较强的适应性。调查中发现很多经营奖励旅游业务的旅行社正经历着组织结构变革的阵痛期，近年来随着会奖旅游市场的迅速发展，旅行社已在此方面做了相应的调整与变革，通常有如下几种形式。

第一种是在团体销售或包团客户等部门下面设立独立的岗位专门负责奖励旅游业务的经营；

第二种是在传统旅行社内部成立会奖旅游中心，作为一个独立运作的部门存在，可以是独立的利润中心，如旅行社奖励旅游中心，但多数利润上并不独立；

第三种是以中青旅国际会议展览公司为代表的作为传统旅行社的子公司存在，由传统旅游业务向 MICE 业务彻底转型的经营模式。该旅行社是中国旅行社业内第一家专注于 MICE 市场，以专业化的机构与队伍和服务模式专门为集团客户服务的旅游服务商；

不同模式的选择与奖励旅游经营业务的规模、成熟度及旅行社的战略定位密切相关，是不断演进与变革的过程。目前较多存在的是第一种及第二种组织结构。

（三）组织结构变革面临的问题

理论上讲，网络型组织结构是一种适应奖励旅游业务经营的理想模式，但任何原有组织结构的维持都有惯性，变革都会受到阻力。尤其是在我国旅行社市场经营环境的不确定性强、产业成熟度不高、人力资源结构性矛盾突出的背景下，组织结构的变革面临许多问题，即使在已经独立设立部门的旅行社内部也存在着诸多问题。现以 X 旅行社奖励旅游中心的运作为例说明如下。

问题之一：采购职能的分离影响项目运作。

X 旅行社的奖励旅游中心是一个独立的利润中心。属于公商务会奖事业部下面的一个部门，直接归公司的经营班子领导，如图 5－2 所示。

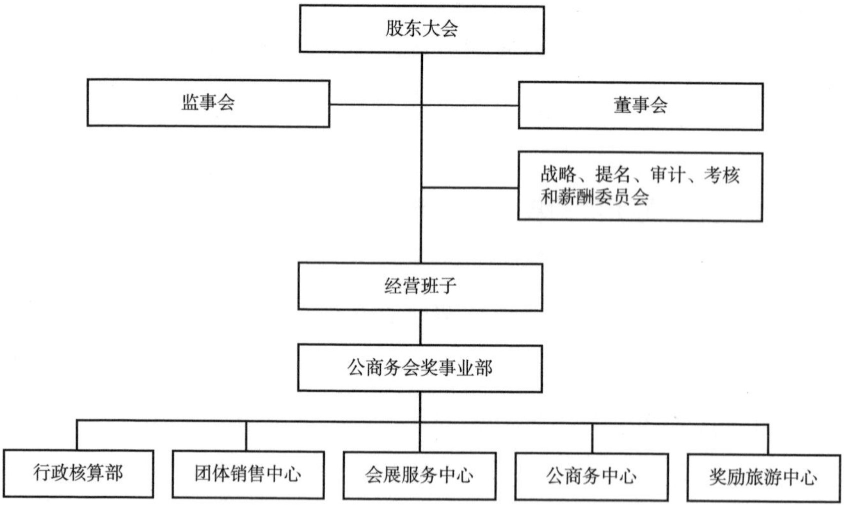

图 5－2　X 旅行社奖励旅游中心组织结构

奖励旅游中心自 2007 年成立以来，承担着市场开拓、独立销售、方案策划、资料维护等的职能，但在采购与导游人员的调用、目的地接待等方面则依赖于公司已有的各采购中心以及导游管理部门。

采购业务主要是机票采购要依赖公司统一的采购平台所带来的网络资源优势与规模采购优势，因此需要与各个按目的地市场设置的中心，如东南亚中心、美非游中心、欧洲游中心、日韩中心等合作，并依赖其提供的机票与目的地的价格及接待等各种信息。

但在实际执行中，各市场中心在报价时不愿意配合奖励旅游中心的要求提供各项目的详细价格，总价亦有虚高现象，使其在投标时失去竞争力。

> 各市场中心提供的成本不够透明，不愿意按我方要求提供成本分析价（因我部进行项目投标时，客户常要求提供拆分报价明细；有些部门报价过于保守，成本显得虚高，导致我中心在参与竞标时，因无法准确把握成本利润空间的变通而使竞标失利）。在团队结束时，成本分析差异情况奖励旅游中心也不知道详情，各市场中心在报价与事后分析上总是遮遮掩掩，藏头漏尾，将双方置于利益竞争的关系中，希望能将各市场部门纳入经营业绩考核共同体，避免因分头考核所导致的采购成本层层加码现象，从而对项目投标造成负面影响。（GJ01 – M）

此外，机票采购是奖励旅游团能否成行的关键因素，也是奖励旅游中心与其他部门合作的主要环节之一。但由于航空采购需要依赖于各市场部门，沟通不良导致不能及时满足客户要求的现象时有发生。

> 曾发生这样一件事，我们曾有一个邮轮的奖励旅游团，因为行程是邮轮方面的，我们就和邮轮部门合作，但这个部门在预订邮轮上没有问题，但机票的预订就出现了问题，起初告诉

我们机票拿到了，是个团体价含税2500元，我们就给客户一个答复，准备签合同了，突然又说这个机票拿不到了，新的价格为散客价3800元，我们很被动，因为和客户关系还好，就和客户讲一人承担一半。但若是其他的团就会否掉的，虽然我们没有签约，但你给了客户承诺就要执行的。（GT01－M）

问题之二：人员的配备使用影响运作。

首先，导游人员调配的非自主性影响团队质量，X旅行社奖励旅游中心成立后，并无固定的领队人员，出团时需要每次向各市场中心调配，一方面领队作为旅行社的全权代表负责奖励旅游团出行期间的所有事务，其协调能力、业务知识、敬业精神及文化素养等对团队客人的体验至关重要，需要一批专门的了解会奖团队运作流程的有经验的队伍，一旦各市场中心配合力度不高，就会出现无人支援，或调派毫无经验的新领队的情况从而影响出行质量。

其次，部门内部项目管理型人才缺少。作为团队成员要有很强的信息收集能力与创新精神，包括对常规休闲团较少涉及的高端酒店、会场、特色景点、晚宴餐厅等目的地信息的收集与储备；掌握目的地的会奖团队专业地接社的资料；同时要能将企业文化元素融入策划行程中；要有较强的团队合作精神，理解并执行部门的共同理念，善于学习与经验分享。

现阶段奖励旅游中心人员的配备尽管是有多年旅行社从业经验的人员，但专业化程度还需要时间的积累，大部分时间仍是用在日常程序化的工作上如签证资料收取，电话通知出团信息等，而策划与学习的时间较少。

（四）对组织结构变革问题的分析

现代组织理论认为组织结构的变革是三个方面配合的结果：结构、技术与人员的有机结合与相应调整才能产生一个高效运作的组织，实现组织的目标。

结构变革包括改变组织的复杂性、正规化、集权化程度及进行职务再设计等；技术变革包括工作过程、方法和设备的改变等；而人员变革则是指员工工作态度、期望、认知和行为的改变。（罗宾斯、斯蒂芬·P.，2004）（见图5－3）

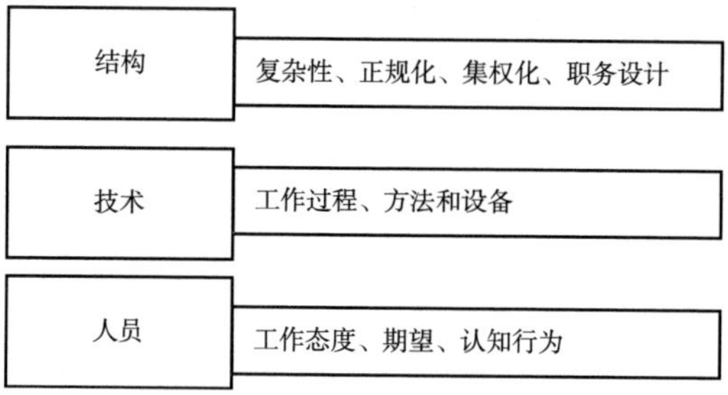

图5－3 组织结构变革影响因素

1. 职责匹配问题

管理者进行组织结构的变革时可以从上述几方面的任何一个开始，可以横向合并或撤销某些部门；可以纵向拓宽或压缩管理层次；可以制定更多的规则和制度以加强新结构的正规化程度；可以通过提高分权化程度，加快决策制定的过程；特别是在结构有重大改变时，如从事业部制结构向网络型组织结构转变时，需要重新设计职务或工作程序及相应的薪酬制度，来保证新组织的运作。

自2007年X旅行社奖励旅游中心组建至今，其正规化、复杂性等已得到肯定，但在职务设计上如采购职能的分离、导游人员的调配权限等方面职责还不匹配，致使其在运作中出现很多弊端。事实上这种现象在调查的其他旅行社中也普遍存在，会奖旅游中心的成立并不难，但很多旅行社的会奖中心就像一个“空中楼阁”只有架子，没有相应的职务与权力，或是职责不清，难以保证其高效运作。

2. 客户资源的内部化

被赋予权力与责任的奖励旅游中心在实际运作中也还存在与其他部门信息沟通的问题，特别是在客户资源的内部化问题方面。

客户资源是旅行社经营的灵魂，销售人员更是对客户信息与资源做尽可能的内部化甚至是私有化。在各部门之间客户资源是“内部化”的，甚至在部门内部的各销售人员之间也是划分为某某某的客户，客户的维护依赖于具体的销售人员，并与其销售业绩直接挂钩，销售人员只负责销售不负责团队的后期运作，X旅行社的团体销售部就有规定“凡是销售人员直接参与的团队，通常情况下是不允许其带团出团的”。这种独立设置的销售岗位无疑会促进旅行社的销售业绩，开拓其市场份额，也能及时了解市场信息。

但在奖励旅游中心与其他部门的合作上就出现了问题：一方面，各部门严格保密自己的客户信息，即使客户的需求明显具有奖励旅游的性质，也要依赖于各部门销售人员的自主意愿，是否愿意将其介绍给奖励旅游中心来做，毕竟奖励旅游中心作为新成立的部门，市场开拓上还不及经营传统业务的各市场部门的客户资源广泛。另一方面，在目前市场需求方对奖励旅游的产品品质认知度不是很高的情况下，加之旅游消费的感知具有滞后性，价格成为其选择供给方的主要因素，团队购买者很容易就会转向其他团体销售部门而舍弃奖励旅游中心。

我们经常会遇到这种情况，比如上次我们的一个箭牌公司的团，本来运作得好好的，在我们部门的一个人手上，后来客户就转去出境游其他部门了。(GJ01 - M)

我们也很被动，像东南亚中心团队数量很多，我们的合作算是成功的，一开始我们的业务量不多时，他们还无暇顾及，也很配合，金融危机后随着奖励旅游市场的复苏，我们的团队增多了，他们的心中就有想法，认为本来是他们的市场份额被我们占去了；在运作时，我们也不敢太强势，若真是将人家逼急了，人家也不是运作不了，毕竟他们对机票、目的地掌握的比我们多，况且市场对这种高端旅游产品的认可度还不是很高，好的团要有好的预算，大家都知道奖励旅游团的预算是普通团的1.5~2倍，有些客户哪个便宜就倾向于哪个，而在这方面我们和其他部门比起来，我们肯定没有优势啊！（GJ01－M）

3. 技术变革滞后

技术变革是推动组织结构变革最常见、最直接的因素。奖励旅游可以算是旅游业皇冠上的宝石，科技含量、信息含量及知识含量都高于普通团队的要求。客户信息的管理维护、目的地信息的及时更新、信息传播的即时化及项目资源的分配与整合需要相应的科技手段的配合。而目前奖励旅游的运作过分依赖人力提供网上收集、制作、电话跟踪等低端服务，与常规团运作唯一不同的是我们在收集信息时更加关注客户需求，信息也更细化一些，付出的劳动也自然更多些。因此，在与其他部门的竞争中并没有显示出自己的核心能力，同样也是为了获得一点点差价或为了本已很少的服务费与客户斗智斗勇挖空心思的竞争。

若是能在结构变革的同时辅以相应的技术变革，引用新的技术手段，如ERP（企业资源计划系统）或CRM（客户关系管理系统）等用于即时信息发布、互动及追踪统计的通信等，可以逐步构建起自己的核心竞争力，增强部门对内对外的竞争优势，组织结构变革则更加稳固同时可以智慧体面的挣得合理利润，成为真正的旅游业皇冠上的宝石。

综上所述，从国内奖励旅游发展的现状看，独立设置运作部门是传统旅行社开拓商旅市场的第一步，也是迈向专业化服务的第一步。而部门的正规化、集权化与职责同技术手段的变革、人员认知和行为的改变是组织结构变革中三种相互作用、相互促进的力量，需要系统的整合与完善。而这需要基于组织战略的高度考虑，组织结构与组织战略的吻合度越强组织效率越高。罗宾斯曾指出“一旦组织的目标、计划和战略被确定，管理人员就必须实现组织结构的有效性以确保它们的实现”。(吴光锡，2008)

鉴于目前我国旅行社的实际情况，短期内结构局部重组成立独立的部门，随着各项制度的完善及客源市场的积累，逐步形成独立的利润中心，经历与其他部门的整合最后成立到与传统业务同一平台的子公司，这种组织结构的变革将是一个间断或突变的过程，如图5－4。正如访谈中有人谈到，有些旅行社在一夜之间实现了华丽转身，虽然失去了很多传统业务的市场份额，但提高了竞争力。也可以是长期的过程，访谈中有旅行社会奖负责人曾提到旅行社经营奖励旅游注定是一个长跑的过程，就看旅行社对其扶持力度如何，要有一定时期的培育，需要选项投入，只要出来了就是一个拳头产品。

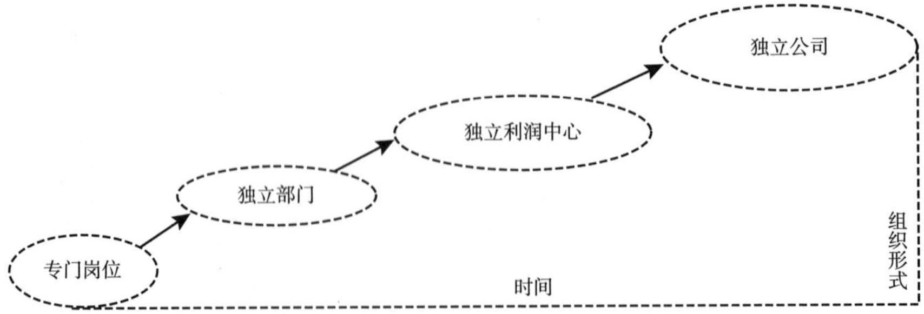

图5－4　奖励旅游组织结构演变过程

商旅会奖市场的勃勃生机对经营传统业务陷入低价竞争泥潭中多年的旅行社来说具有极大的吸引力，也是旅行社产品转型升级的重要契机，只有在战略上进行重新定位，并历经了组织结构变革所带来的阵痛后，旅行社才能在国内市场中与具有雄厚资金与技术实力的外资旅行社的竞争中占有一席之地。

二　营销模式的影响

（一）关系结合方式的转变

关系是人类社会发展中所特有的、必然的和客观存在的一种现象，有着丰富的内涵。对企业而言，John（1982）指出企业趋向与关键顾客和供应商建立持久关系而非仅仅只关注一次性的交易，并把这种现象称之为“内部市场化”。双方关系呈现如下特征（见表5－1）。

表5－1　买卖双方关系结合特征

合作关系	合作特征
以合作为基础	即买卖双方为了共同的利益和目标采取相互支持、配合的态度和行动完成交易过程，包括顺从、顺应、互动和合作
双向信息交流	不仅是简单的传递信息和感情，而是能有机影响和改变信息和情感的发展
双赢互利	由于是出于合作动机的交易行为往往不会争取各自最大限度的利益，而是谋求双方的共同利益
战略过程的协同性	强调取长补短，相互适应，协同运作以建立信任、互利的关系

资料来源：张广玲《关系结合方式与中间商自发行为的关系研究》，武汉大学出版社，2006。

旅行社经营奖励旅游面向的是有长期潜在需求的企业客户，交易关系由传统的一次性交易转向长期合作，关系结合方式发生了转变。

一开始我们是要招投标的，因为一些大的公司项目需要招投标程序，但招投标是一个双刃剑，对企业来讲一些终端环节的选择余地不大，如航空公司、酒店等，就那么几家，要招标会选择几家中间商来投标，相应的询价方数量的增多，会水涨船高抬高供应商的价格，对预算的作用并不大；所以很多公司不是每个项目招投标而是以年为单位将整年的预算交给某家旅行社来做。（TGQL06－1）

不管是大社还是小社，我们这几年都是跟人走的，认人，招标时有些大社也入围了，但最终都被我们否了，平时大爷惯了，你该如何如何？我们以结果为导向，用心对待的旅行社就是我们的选择，这个和我们保险行业的销售理念有些相似。起初公司找一个旅行社做，几次下来觉得还不错，但公司有人反应总是找一个旅行社做，是不是有人拿回扣啊？后来就招标了，但一比太差了。之后大家也能理解就又找回原来那家小的旅行社的人，用她放心就又用她了。（VHU13－M）

（二）关系营销的途径

基于旅行社与企业双方关系结合方式的转变，关系营销是双方理性的选择，对长期关系的投资，可以增加双方的信任，降低交易成本，同时增加社会总福利。

Berry（1995）定义关系营销可通过三种途径实现。

（1）财务性结合（Financial Bonds），即营销人员通过价格上的诱因，鼓励客户为企业带来更多的生意，刺激顾客成为忠诚顾客的一种方式，如航空公司里程的积累计划，旅行社的优惠赠送，酒店客房的免费升级等。

（2）社会性结合（Social Bonds），即通过个性化的服务方式与客户建立社交关系，强调营销人员与客户保持密切互动，了解其需求。社会性结合方式依赖于社交性的束缚力，建立和维持个性化与定制化的关系，如主动邀请客户参加活动，赠送礼品等。

（3）结构性结合（Structural Bonds），即为客户提供附加价值，且该价值无法从其他供应商中获得，以提高中间转换成本的一种营销途径，客户在结构上被绑定了，企业也有了核心竞争优势。

社会性结合更多是从人际关系角度，通过加强企业与顾客之间的情感交流维持关系。Crosby 等（1987）认为社会性结合无法克服无竞争性核心产品的弱点，若公司的产品价格变化或人员变动时，社会性结合的力量是有限的，但在竞争差异不强烈的情况下，可以导致顾客忠诚。

而结构性结合是以技术变革为基础提供的增值服务，提高顾客的效率与生产力及重要问题的结构化解决能力，即增值服务嵌入客户的管理系统内，将客户与企业联结在一起，弱化个人的传送作用，原因在于个别服务人员可能有一天会离开企业，特别是面对激烈的价格竞争时，结构性结合比社会性结合更能帮助旅行社强化非价格功能，增强企业的核心竞争力，有效巩固买卖双方的关系。而这一点对目前国内旅行社处于的经营环境来说显得至关重要。也正是此原因，一些国际性大型商旅公司如美国运通、德国 TUI 等凭借其雄厚的技术力量在中国商旅市场中占有重要的地位，具有绝对的竞争力。

就目前旅行社经营奖励旅游的营销方式看，主要是社会性结合同时辅助以财务性结合来维持客户忠诚，如定期的客户回访，客户答谢活动，与目的地旅游局或目的地管理公司联合推出的优惠活动等。调查中企业及旅行社都特别提到了对方“关键人员”的作用：

基本上会奖是经营人脉的关系，也有通过网络来找到的，看到网上资料，但成功率不高，还是要通过人脉经营，特别是对方的采购人员。（TGKHL07－1）

其实，客人对你好，并不是偏袒你，如果他搞这种暗地的投标就没有什么意思了，只需要提前将信息告诉我们，我们可以提前占据一些稀缺资源，你一旦占据了，你也不需要别人去偏袒你了，主要是机票这方面，如果我们先拿到了订位，就比其他旅行社多了筹码。(GJ01 - M)

三 产品创新性的影响

(一)“新奇性”的策划理念

旅行社长期形成的以资源为主导的习惯性竞争思维，使其在产品策划上局限于简单的资源整合与包装，产品创意性不强，资源禀赋成为价格差异的首要原因，难以形成具有垄断性的产品或价格。

奖励旅游在所有的商务旅游中是最易变的，也是对时尚变化最敏感的。保持产品的新奇性是最核心的经营理念，而不是“我有什么就卖什么”的思维。

一般旅行社是提供服务，经营会奖的旅行社应该首先是策划，包括风格、主题、口号，怎样达到美轮美奂的效果，具体到怎样迎宾，让客户感受到更多的亮点，这样目的就达到了。会奖的人考虑问题的思路与旅行社不一样，包括策划、招标、报价等，如通过包装将公司的历史制作成幻灯片展示，增强对自身企业文化的自豪感，在开标宣讲 PPT 时如何增强现场的感染力等都是与单纯的服务不同的。(TGQL06 - 2)

我们有较庞大的客户群，双方都要提升，要共同商量，企业的核心决策层会指定一个部门与我们对接，或是企业的老板和我们开一个会，将他们的目的或不成熟的想法告诉我们，我

们协商策划。(TZQL04－1)

早在1992年，Ricci（1992）在关于被他们称为“发展中的奖励旅游的‘生活方式’”的讨论中，指出欧洲的奖励旅游从纵情享乐向户外活动转变的趋势：“在一些奖励市场出现了一种远离提供精美膳食和按摩浴缸的度假饭店的趋势，因为这些东西客人们已经享受太久了。他们在寻求新的感受，如狩猎、游猎旅游；在阿拉斯加的探险旅行；在一个独立的、有乡村气息但能提供舒适食宿的地方，坐在安静的湖边垂钓度假；或是南美雨林旅行。”

O'Brein（1997）指出新奇性会促进奖励旅游新形式的产生，并具有中期和长期的刺激市场的潜力，这也说明了为什么英吉利海峡隧道作为奖励活动成功的原因。

Bunchanan（2001）指出奖励旅游中航海旅游呈上升趋势时强调：“通常被人遗忘的一个使航海旅游与众不同的特点是：航海旅游的投产准备时间在不断加长，专门包船的价格是固定的，这与价格易变的陆地活动是不同的。”

奖励旅游产品应积极加入具有社会意义的活动，旅游业的逐步发展使人在享受旅行乐趣的同时也应做一些有社会意义的事情。像美国英迈公司安排了125位客户到夏威夷岛上去帮助无家可归的人，他们主动为这些人搭建住处，还为住处的儿童建了一个操场，并为当地捐赠了电脑和小物品，主动为无家可归的人捐款4万美元。此举提高了企业形象，并且使参与者为自己能够做到力所能及的有社会意义的事感到心情愉悦。

奖励旅游可分为传统型和参与型两种，传统的奖励旅游包括会议、旅游、主题晚宴以及惊喜活动等，行程上相对平缓。而参与型奖励旅游的行程安排多是一些剧烈性活动，如徒步、登山、划艇、漂流等，并伴有体现企业社会责任感的一些与目的地社区的互动活动，能带给游客一种昂奋和刺激的精神状态。目前我国旅行社的产品多是传统型产品，主题晚宴成为最主要的策划卖点，而参与性环节多体现在一些简单的集体项目如划船、拔河、户外拓展等。

（二）了解奖励旅游者的需求特征

奖励旅游者的体验是衡量产品创意性的最终标准，因此了解奖励旅游者的心理需求特征，对产品的创意性策划起到关键作用。但在实际运作中，绝大部分旅行社都对此关注不够，部分旅行社在行程结束时会让客人填写一份意见反馈表，与常规团的意见表并无两样，极个别企业自己会做一些口头反馈调查。

> 我们首先是让决策层满意，符合他们的预期，最主要的就是符合他们的预算，对奖励旅游者来说他们恨不得公司为他们贴金戴银，我们首先是要满足决策层，但也会兼顾消费者的满意度，不然明年我们也做不下去。（TGZL01 –2）
>
> 作为奖励旅游既要让老板满意，达到效果，又让员工满意还是有一定难度的，好像有一次我们做化妆品公司的旅游，老板说千万不要出事，因为是去海边旅游，所以我们就让所有的客人签字，保障安全最重要，但引起了一些消费者的不满。（TGQL06 –2）

在访谈中发现，具有明显心理需求特征的奖励旅游者可分为三类，第一种是经销商；第二种是公司员工；第三种是企业的客户组成的奖励旅游团。对企业购买方来讲，出于激励或奖励参加者，营销自己，希望获得更大收益的角度看并无本质区别，但消费者的主要心理需求却有差异：

对经销商而言，由于其自身的信息捕捉能力较强，通常是来自全国各地的连锁或直营店等，要求复杂多变，追求平等与炫耀。

经销商的团攀比心理较突出，个个都是业务经理相互之间不示弱，购买能力强，是各国或地区的香饽饽，同时他们要求多变，接待起来要特别关注。（TGL02－1）

对企业员工而言，不同的企业文化致使员工的需求特征会不同，如外企中的员工精英理念较强，需要在行程中处处加以维护，一位保险行业的企业购买方提出：

要接我们的团，硬件标准是基本的，对当地文化的了解也是基本的，更大的一部分是在基本要求的基础上，要多出来一部分，比如对保险公司的企业文化，对它的管理风格、它去的这个团队是管理团队还是营销团队还是员工团队，这些人他们的思路，他们对社会、对经济的热点、对保险市场的看法，对个人的职业规划，他们要有这方面的高于普通消费者的这种能力，因为保险公司从管理、培训、控制到员工个人的管理要比社会平均水平高出至少5年，好的公司能超出10年，所以旅行社不能用对待普通客户的水准来对待保险公司，特别是这种大的公司，不仅要能满足保险公司的需要，在此基础上若能创新，让保险公司眼前一亮，那就成了，成为长期稳定的供应商；对旅行社来讲，要想在保险市场分得一块蛋糕，当然旅行社有很好的人脉关系这是一方面，社会很现实，但要长久的立足就得达到这个水准，满足需求的能力要超出保险公司需求的本身。（CZR12－1）

对公司客户而言，目前市场上较多的是饮料销售中的奖励旅游活动，这部分消费者质量要求不高，多数旅行社采取常规旅游的运作方式。

奖励旅游产品激励性的本质特征决定了创新是其发展的生命线，社会进步的过程，就是人类需求变化的过程，也决定了产品创新需持之以恒，也因此成为旅行社核心竞争力的主导因素。

四 小结

商务旅游市场的强劲增长，为旅行社带来了很多机遇。在调查的10家旅行社中，一致认为进入商务市场是大势所趋，不仅是利润的高端化，重要的是可以带动产品的转型升级，提升旅行社整体的经营实力与形象，是旅行社进入生产性服务的重要平台之一。但不可否认的是，旅行社仍面临着诸多挑战：如何与一些小型的有着旅行社背景的专业公司竞争？如何在产品同质化程度高的市场下突出自己的核心竞争力？如何加强与买方的合作关系？

组织结构变革，成立独立且高效运作的部门是实现其他变革与创新的基础；加强组织知识的储备与会奖从业人员的理念培训，一定范围内增强产品创新性与竞争力，从组织战略层面进行技术变革以增强企业的持久核心竞争力，构筑知识壁垒，是旅行社进入商旅市场的关键环节。

第三节 奖励旅游交易主体的行为特征及影响

一 旅行社与企业购买方之间

（一）双方互动，买方参与度高

与常规旅游团不同的是奖励旅游团的企业购买方具有高度参与

性，不仅表现在目的地选择、线路策划、事前踩线、付款方式的协商等方面，更主要的是部分团甚至介入了原本属于旅行社的功能，交易过程中双方互动频繁，旅行社的角色处于辅助地位。通常以下几个方面表现出较高的互动性与参与度。

1. 目的地选择

此阶段旅行社希望以企业方为主导，对有多次奖励旅游经验的企业来说，通常是确定了预算与目的地之后寻找旅行社完成。但对经验不丰富的企业来说，旅行社对其目的地选择起着引导作用，通常会考虑目的地的接待设施、航空运力、签证是否便利等因素而带有更多的主观倾向性；而企业方由于对旅游目的地信息缺失，常会提出一些旅行社无法控制的事情，如国外一些海岛度假地的规模较小而国内奖励旅游团的规模通常都在100人以上，就会出现住宿接待设施不足或航空运力等无法满足整团进整团出的要求，需要双方的多次沟通协商才能确定。

2. 创意策划环节

创意是奖励旅游团的灵魂，旅行的亮点所在。此环节旅行社欢迎买方的参与，希望提供更多的企业文化方面的信息；而企业方也倾向于旅行社利用自身资源提供更多有创意的活动安排。但由于旅行社社长在此方面的知识储备不足或人才匮乏，常难以满足买方的需求，因此一些大型外企的奖励旅游活动常是将策划部分交给专业公司来做，接待部分交由旅行社完成。

3. 分供应商的采购

酒店、航空及目的地景点的采购是旅行社的主要职能，也是其优势所在，但企业方表现出了较强的参与度，甚至代替了旅行社的职能。从一份企业方发给旅行社的招标书中可见（见附录6）。

企业方在分供应商采购方面的过度参与，常引起旅行社的反感甚至关系破裂，交易无法完成。原因是一方面，酒店、航空公司等在多方询价的情况下，出于收益管理的目的会有哄抬价格的倾向，增加旅行社的采购成本；另一方面由于企业越过旅行社进行采购，无疑在费用结算等方面单独与各供应商进行，增加旅行社在行程中的沟通与协调成本。如在一份旅行社致函企业的函件中提出：

考虑到之前围绕这一项目，贵方曾与多家旅行社接触，关于具体日程等信息一旦从其他途径走漏风声而为各家酒店所知，可能会造成不必要的风波。尽早签订合作协议并与酒店明确契约关系，将有助于为贵方2007年大会接待提供更为坚实可靠的保证。[①]

4. 行程中随机事件的处理

奖励旅游团行程中的不确定因素很多，会遇到很多突发性事件，此方面双方的高度配合成为共同期望。一位旅行社的会奖负责人说：

一个大型的团队不可能什么事都没有，像罢工、中毒、疾病、丢失证件等，一些应急的东西比如安全通道如何走、最近的公安局和医院在哪里、国外时我国的驻外领事馆在哪里，这些细节都要考虑，也可能会出现很多预想不到的情况，因此奖励旅游团的特殊性、多变性、细节性、严肃性需要双方的共同配合，发生情况时，不是一味指责旅行社。(TGQL06－2)

① 资料来源：X旅行社奖励旅游中心。

表 5－2　旅行社与企业买方的互动参与环节

环节	旅行社中间商	企业购买方
目的地选择	参与度低愿望	希望提建议，自主决定
创意环节策划	参与度低愿望	希望对方积极参与
分供应商采购	希望自主决定	强参与度
随机事件处理	希望对方参与	参与意愿视情况而定

说明：本表内容为笔者整理。

（二）买方信息知晓需求高

高参与度的奖励旅游团毫无疑问具有较高信息知晓需求度。不仅需要掌握行程中的具体细节与确切接待规模、档次、流程，甚至需要了解组团社、地接社的人员架构、直踩导游经验、信用与人员素质等相关信息，因旅行社承接大型奖励旅游团的门槛从企业的角度讲是有一定限制的。最为明显示的是“拆分报价”的投标方式，与常规团的“组合包价”报价形式完全不同。

在这种信息不对称度低的情况下，旅行社若要保持甚至提升自己的利润空间，就需要提升服务质量获得口碑或推出垄断产品取得垄断市场利润，某种程度上讲对旅行社提升竞争优势具有促进作用。

但在访谈中了解到，目前广州市场的奖励旅游团的毛利润率平均在6%～8%之间，极少数高端团可达到15%～20%，个别团在3%～5%之间，低于常规团的现象也较普遍存在，反映奖励旅游还处于低价竞争的总体势态下，并没有得到合理的利润空间。

我们的利润空间很低，低到没办法接受的程度，6个点已很可观了，一般是3个点左右，也就是一般的奖励旅游而已。利润高的体现在外资公司如拜尔等境外一些大型公司，办事处

> 是驻在广州的，他们会高些，因为他们的计价方式很完整规范，你要把所有的成本摊给他们看，所有的成本让对方知道，固定是6个点还是8个点，报价很规范，填表后要一整套给对方。拜尔曾经达到过15个点。这种真正的奖励旅游利润高，你就必须提升你的服务，拜尔曾经要求你导游的人数是几个，工作人员配备几个都要求了。很细了，成本之外，再加8个点，高端的一定要有8个点，因为变化很多，不可预见成本高。但我们在操作上存在很多不规范，没有按对方要求报价，或虚高采购价等，正因为如此，境外的一些企业、公司的奖励旅游团没有放给境内一些公司做，而是由中国香港的旅游企业来做。(TGKHL07－1)

旅行社的利润来源是否仅是报价中的操作费用或称服务费用呢？由于笔者调研中参与了奖励旅游团具体操作的各环节，进一步了解到出于自我利益的追求，尽管买方的信息知晓需要高，但旅行社也还确确实实在利用“信息不对称”的客观前提下，实现了自己利益上的“灰色收入”，个别团甚至占有主要部分，以至于旅行社在公开报给企业购买方的服务费比例经常都是低于平均8%的水平而在5%～6%之间，这就意味着旅行社没有理直气壮的收取合理利润而是在信息不对称的背后通过与企业的斗智斗勇赚取“灰色收入”。据了解主要有以下几方面。

从供应商酒店处获得的优惠价格或团队价格，优惠多少与酒店的经营周期有关，双方是一种松散的合作关系；

从航空公司的团购中获得优惠或部分航空公司的16免1或升级舱位中获得，也是一种松散的合作；

从地接社那里获得的景点、购物等利润返回；

从其他代理环节如专场演出、餐饮、保险、交通等的差额代理费用。

由此可见，买方企业高信息需求的特征所产生的积极影响在于可以促进旅行社服务品质的提升，但在现有市场状态下，旅行社更多是在通过其他信息不对称的渠道进行自我利益的最大化，呈现出其消极的一面。因此会出现有些旅行社承诺报价时出示与各供应商的采购协议原件作为争取企业买方的筹码之一的现象。

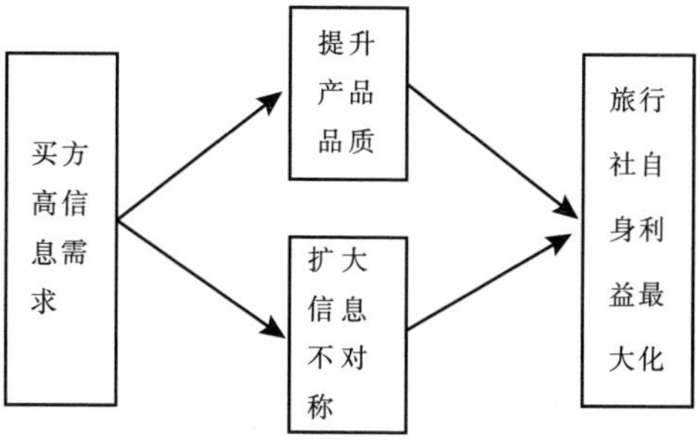

图 5-5　买方高信息需求对旅行社影响

（三）双方关系的特征与维持

企业购买方与中间商旅行社之间是典型的委托代理关系，Bergen 等（1992）、Guilding（2005）等指出只要委托方依赖代理方站在他的利益角度去执行一些行动，就会产生委托代理关系，委托代理关系是社会交往中最古老且又常见的一种关系发生方式；这种关系产生的前提是信息不对称与自我利益的关注。

1. 前后馈控制的使用

企业作为委托方正是由于对旅行社提供的各种信息不对称背后隐藏的道德风险有所担忧，而表现出过度参与、拆分报价等行为特征，越组代庖的现象时有发生，如自行在目的地订房、联系景点等，这种问题之所以产生是因为委托方不能很好识别代理方的能力、意图、知识及行动对自己是否有利。（Hye-Rin，L，McKercher，B and

Kim, S S, 2009; Saam, N J, 2007)

委托方通常可以通过前馈控制与后馈控制来降低道德风险与逆向选择。前馈控制如通过环境扫描、同行评价、竞标、要求对方提供资质证明、人员架构、活动流程及应急方案等平衡自己与代理方旅行社之间的权力不平衡程度；另一方面就是扩大自主选择机会，如自行采购等。旅行社的品牌与口碑在企业选择旅行社时起到决定性作用。

后馈控制通常是预防道德风险而采用的一种方式，如双方保持密切的联络，采用分期付款的方式进行财务上的控制。

事实上，这两种方式在奖励旅游团的运作中已成为维系双方关系的一个基本条件，经常使用。一方面旅行社会就线路调整、酒店价格变动、机票价格变动、交通安排等的稍许变动随时和企业方保持频繁沟通，电话、邮件、传真成为主要的沟通方式，也是双方契约关系中的重要依据，笔者调研中参与策划的一个赴日本的奖励旅游团，共经历了11稿的线路讨论与更改才得以确定下来。

另一方面，奖励旅游团的付款方式在后馈控制中经常采用。事前事后支付比例双方商定，旅行社垫付已成为常规，因此资金成为旅行社能否承接大型奖励旅游团的主要影响因素。从下面这份双方多次合作有一定基础的优惠支付条例中可以看出后馈控制的应用。

> 签订合同之日起15个工作日内支付预计总费用的30%；出发前7个工作日之前支付总费用的40%；余下30%费用及实际增加费用于项目结束后一个月内结清。[①]

① 资料来源：X旅行社奖励旅游中心调研整理。

2. 关系的维持：信任与补偿

双方上述关系的结果呈现两种形态：信任与补偿。

信任是一种积极结果，通常反映在重复购买上，这种有效的长期关系的建立可以预防机会主义行为，一方面委托方企业觉得代理方有满足其需求；另一方面代理方旅行社也理解委托方的需要，降低交易成本，这是一种理想的对双方都有利的合作状态。

国外经营奖励旅游的双方非常信任，交给旅行社去做，但在国内这种信任程度大大降低，有时还会要求我们提供各供应商的服务发票，这就很过分了。（GJ02 - F）

Lee 等（2009）指出当委托方感知到的与代理方之间利基点的差异大小时就会影响其对代理方的信任程度，因此代理方被委托认可的价值观的一致程度很重要。增加认可的方式，目前来看主要是加强沟通，频繁互动，共同踩线，以“合同为准”的特征鲜明，任何细节变动都需要对方签字认可，所需时间成本较高。

奖励旅游团是企业营销自己的一种方式，对企业文化的深入理解能增加委托方的信任。在调查中个别旅行社承诺可以派专人进驻企业中共同宣传奖励的规则、目的地的吸引力、充分了解企业的管理制度和文化。但多数旅行社在此方面还属于完全未参与或很少参与的状态。

Mason 等（2003）指出对代理方来讲希望对他们的能力、经验、声誉等有一个有社会公认力的认证，为保持其与委托方持久的合作关系提供依据。旅行社借助第三方力量的权威性来提高其信誉度是一个必要的渠道，如借助行业管理组织的力量等。

Sirdeshmukh 等（2002）指出增加委托方信任代理方有三个方

面的能力：即操作上的能力（Operational Competence）、操作上的仁慈心（Operational Benevolence）及解决问题的导向（Problem-solving Oriention）。对旅行社来讲提高专业化水平与综合能力、增加委托方的理解是增加信用的内在前提，就目前现状看这将是一个长期的过程。

补偿是另一种维持关系的结果。自我利益最大化的追求是委托代理关系的核心所在。为了维持长久的合作关系，双方的奖赏与补偿起到积极的作用。通常情况下，代理方旅行社特别是与企业签订了年度供应商合同的旅行社会在年末给企业方进行一定点的收入反馈，作为企业方直接进行成本控制的奖励。

> 我们是要返一定点给企业的，具体多少不定，作为他们成本控制的奖励，也促进双方的合作，但这种行为会被认为引起回扣等不良现象，有些企业会认为决策人员谎报成本，收回扣，会被认为是一种商业贿赂的行为。（GJ04 - F）

理论上讲，奖赏与补偿对代理方同样具有激励作用，当代理方很好地控制了成本，实现了企业的目标时，委托方也可以通过补偿的方式促进合作（Fong，E A and Tosi，H L，2007）。但现实中，基本没有这种情况出现，对委托方来讲设计一个合适的奖励与补偿系统成本很高，也很难全面跟踪，继续合作就是最大的补偿。

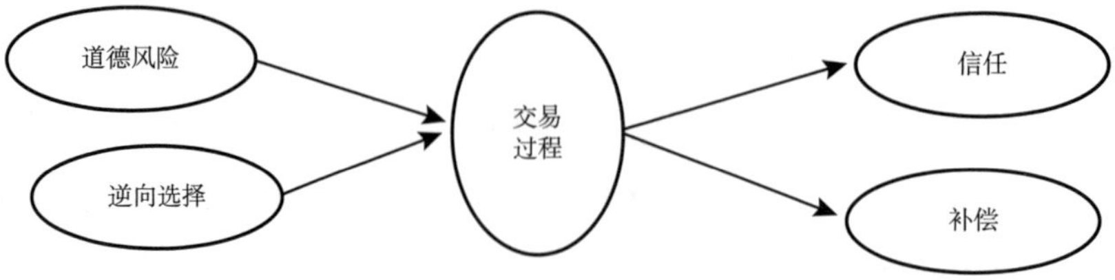

图 5－6　企业买方与旅行社关系特征

（四）小结

综上所述，在奖励旅游的交易过程中，代理方旅行社完全处于辅助地位，除了自身经营奖励旅游各方面的限制外，委托方对其定位也是如此，特别是在使用奖励旅游较成熟的企业中，这种情况更明显，企业会将一些智力性强的产品环节交由专业策划公司做出方案后，再由旅行社代其实施，因此在整个利润链中旅行社处于末端。一位企业购买方在谈到旅行社定位时说：

> 我们涉及会议的流程，设计、场景布置等等都由策划公司来完成的，但这方面都是可以用数字或硬件设施来体现的，你用什么设施，请什么级别的人来讲座等都是可以衡量的，这不是你用心不用心能说明问题的，哪怕不用心，只要你按照标准来做就行的了，但一些大型传统旅行社为何做不了呢？因为他很少愿意去和其他策划公司合作，全部自己承办下来，又不具备这方面的人才，如与广告或策划公司的人合作，因此我们就将一部分交由专业公司做，但到了目的地等，还得依赖旅行社，特别是到了国外，策划公司又不具备旅行社的资源，如找个插板、换个钱之类的。所以我们得找两家完成，若是旅行社能一家承包下来，策划出符合我们意图的产品，我们也愿意啊！（VHU13 – M）

而一位旅行社奖励旅游负责人，在谈到这个问题时，也谈到了旅行社的一些尴尬之处：

> 像我们旅行社，你创意的地方购买方没办法给价，不能名正言顺地收取创意费，像广告公司一样收取方案策划费；特别是一些外企的财务部会将你方案中的一些环节自己去询

价然后再决定是否去做，因为对他们来说，只有同样的东西找几家给出价格后才可以比较，这样策划的意义就没有了，这也是一个旅行社没办法收创意费的问题，只能收服务费；但又不能太高，因为要竞标，服务费按百分点或按人头来做。(GJ01 - M)

由此可见，在目前内外环境的限制下，旅行社提供具有垄断性的竞争产品面临许多障碍，委托方对其“接待与辅助”的定位，必然会影响其产品的利润空间，也降低代理方创新的积极性，双方交易低效率；在这种情况下，增加委托方的信任度和情感依赖将是一种长期地维持关系的方式。

二　旅行社与酒店之间

（一）松散结合，价格动态变化

旅行社与酒店之间由于需求市场的变化而呈现出复杂的行为特征。一方面，奖励旅游团因高消费、高回头率、与常规团时间错峰而受到酒店的极大青睐。

奖励旅游团起码在一个城市要停留 2～3 天，一个会议室的租金就可相当于一个常规旅游团 3 晚的住宿了，酒店非常欢迎。而且通常奖励旅游团在酒店内的消费只有房价会有优惠，餐饮基本与对外价相同，会议价可能会打折，最多也是 8 折，还只是场租，布置设施还要单独收。(GJ02 - F)

尽管如此，但一个非常重要的事实是酒店是一种固定资产投入比重高、供应量固定、需求变化强的行业，收益管理是其重要的营销思想，酒店为了自身利益最大化，不时变换与其他代理商如在线代理商、自办网站、其他会议公司、策划公司等的价格模式，旅行社作为酒店传统的代理商，一定要随酒店方价格的变化而调整与客户之间的关系，处理此过程中出现的各种问题，两者的关系是一种松散的结合方式，随着奖励旅游团运作流程的推进而呈现出动态变化的特征。

（1）在旅行社投标阶段：酒店面临的是多家旅行社的询价，旅行社也会向企业提供多种选择，此时是多对多的关系，双方都在试探中，价格的随机性最大；

（2）在企业向旅行社发出中标通知书后，旅行社此时缩小酒店的采购范围，会重点锁定1家或2～3家酒店询价并供企业方选择，此时的主要问题是企业方会直接向酒店询价，酒店给旅行社的价格也是动态的，旅行社希望与企业买方之间签订合同，支付预订金，以便可以向酒店方争取最终价格，此时是一对多关系。

> 通常是你先谈，这个团谈下来的话再和酒店去谈，看能否降低一点，但不是每个酒店都会有，其实国际品牌的酒店有时利润还不是很靠得住，但国内品牌的酒店，特别是关系好的，会有一个旅行社的价格，正常的会在询价的基础上有30元的差价左右，但也要看什么酒店，通常会买旅行社的面子。(GJ02－F)

（3）在旅行社和酒店之间签订了订房合同后，价格固定，但直到客人入住期间的一段时间内仍会有很大的随机性出现，如订房数量的变化、酒店提供的优惠条件的限制等，双方关系共生性明显，是一对一关系。

（二）关系特征与问题

在上述的交易过程中，旅行社与酒店之间通常形成两种关系。

（1）保持一定距离的关系，即在双方的交易过程中各自从自己的利益出发不太顾及对方的利益：

> 我们曾有一个企业委托我们定三晚住宿、车接送、一日游，我们按常规游团运作，要求酒店给旅游观光价，但客人订了三晚房，有剩余时间，就自己去哪里开个会或参观一下厂家等，各个西装革履，酒店看到了，认为是会议团就要会议价格；还有一次，我们接待了一个意大利的团到北京旅游的，要求酒店协助做一个蛋糕打上公司LOGO，但酒店方不肯，认为这样做是公司团需要付会议价，后来我就和酒店的销售说，我们自己做，你就当作没看见。（TGL02－2）

（2）合作关系，为了达到共同的目标，在一定协议框架下进行的合作关系，主要体现在酒店会保护旅行社作为中间商的利益上，在企业直接向酒店采购时会保护旅行社利益，正如访谈中所提到的：

> 其实要看客户谈的酒店和我们的关系了，其实很多事情都是要看你的关系了，平时的关系，在报价阶段，酒店集团的人会事先和我讲，是她给我底价我在加上去报给客人好，还是如何报？因为我们关系很好很好了，那我就说，没关系，你报吧，你给客人的价只要预留出我这部分就行了，那不管客人怎样压价，你都留出我这部分就好了。（GJ02－F）

据了解通常酒店会给旅行社住宿费用的10%作为佣金，但有些时候公司会要求自己直接向酒店方定酒店，不通过旅行社，这种情况下若是在国内，酒店通常会将10%的费用打在客人预订中，然后将10%的佣金事后返回给旅行社；但在国外的酒店，有时就会不同，酒店方认为客人愿意付高价，我们就应该得到，为何不得呢？不需要给旅行社佣金，因为无法说明是因为旅行社的介绍得到的，特别是对国际集团中负责中国区销售的人员来说很难解释，会被认为与旅行社之间有不利于集团的交易。

旅行社与酒店之间的交易过程中除了酒店越过旅行社直接与企业签订采购协议问题外，另一方面就是酒店方的配合问题，一位旅行社酒店采购负责人说：

> 坦白说一个奖励旅游或会议团，在酒店最多时间不会长于一个星期，我们根本没那么多时间去了解每个酒店的政策，而酒店除了在前台有个当天房价的公布，其他的价格都是没有公布出来的。有的客人会临时要增加一些酒店的服务，酒店其实可以免费做到的，只是他愿不愿意，动不动就要收钱，因为我们的自己的工作人员就算再有经验，再有能力，也是要与酒店取得共同的工作契机。（GJ04 - F）

（三）关系维持：信任与共生

旅行社与酒店之间的关系受到了学者们的关注。信息技术不发达的年代，酒店方极度依赖代理商旅行社。March（1997）发现澳大利亚的旅游供应商极度依赖中间商；Medina-Muñoz 等（2000）对美国旅行社与酒店合作的多样化渠道与特征进行了调查，指出酒店的成功很重要的因素是和旅行社保持良好的关系，并第一次识别出影响酒店与旅行社之间关系是否成功的因素有信任、投入度、合作意愿、沟通质量、信息交换、参与、建设性的解决方案。Dieke

等（2000）指出土耳其的酒店更多依赖于旅游中间商与当地酒店业合作的意愿；Tse 等（2003）则发现酒店现更多将建立自己的网站从而将一些销售渠道收回自己的手中，因此对旅行社来讲要保持良好的与酒店的关系；由此可见，随着酒店销售渠道的多元化，酒店与旅行社的关系也发生着变化：依赖、竞争到合作。权容易等（2009）对韩国首尔酒店与旅行社交易中的影响因素研究中发现：信任是重要的调节变量，信任度越高，期待越高，正直性与约定就更多，从而满意度增加。

目前我国旅行社与酒店各自有自己的市场结构，旅行社在整个产品供应链中处于动态不稳定地位，与酒店之间的关系随着其在某特定产品供应中地位权力的变化而变化，双方达到完全合作的情况是不易的，因为彻底的合作意味着增加固定成本，降低市场的灵活性，因此处于中间状态的在协议框架下的合作是一种可行的战略。

笔者在调研中，发现目前旅行社与酒店签订长期合作协议的并不多，特别是对奖励旅游团来说需求定制化，每团每议是前提，呈现一种松散的结合方式，且这种方式中“关系契约”性明显。经济学观点认为关系契约是存在于企业内部或企业之间的、对企业行为产生重大影响的非正式的协议或不成文的行为准则，其最终结果往往只有契约双方能感知，本身是不可证实的，或者证实的成本过于高昂。因此共同合作，追求长期的交易激励，以未来的收益丧失为威胁保障契约的实施是关系的主要特征。（郭宇，2010）

正因为如此，信任就成了影响成功的关键因素。信任可减少对未来的不确定性，减少参与者的机会主义行为，提高合作效率。旅游作为消费品其无形性、服务性与不可感知性，与工业品组织营销中不同的是人际信任在促进组织购买中起关键作用，具体讲就是双方销售人员之间建立的信任性。

在选择酒店时，其实销售人员的素质问题直接影响到对酒店的选用问题，如果遇到销售人员比较配合，性格比较好的，那一切都会顺利；如果销售人员性格不好的，那就算再好的酒店也会有问题。(GJ02 - F)

综上所述，酒店进行收益管理，动态定价客观存在，旅行社若想在运作奖励旅游团这种规模大、变化多且要求高的团队时对酒店方占有较多的主动权与调控能力，同时酒店方若想争取高端客人，则双方建立良好的信任关系而达到共生目的是有效途径。

三　旅行社与航空公司之间

航空公司在整个奖励旅游产品供应链中的地位与酒店类似，与旅行社之间的关系也类似，但由于航空业的垄断性与奖励旅游团的临时性，呈现出不同的特征。

（一）临时性特征，加剧不确定性

旅行社与航空公司的合作通常有几种方式：①成为某航空公司的核心代理，这样航空公司会根据旅行社申请的航线每天预留一定数量的“计划位”，这种计划位主要是用于旅行社的散客成团，旅行社根据航空公司批复的数量，收客成团，如南航给 X 旅行社的计划位为 30 个。某些热点航线，当申请数量较多时，航空公司通常会拆分成不同时段，分批给旅行社，旅行社据此设计线路和产品以配合航空公司的时间，反映出两者融合度前向延伸的特征；②临时追位，对于单位包团及奖励旅游团，具有临时性特征，旅行社只能向航空公司临时追位，通常这种团提前运作的时间较长，也给航空公司相对充足的时间计划安排，但到了旺季时，机票采购就成为制约奖励旅游团能否成行的决定因素，也是衡量旅行社投标能否成功的关键因素；③包机，国内相对较少，国际航线也只是较成熟目的地的较少航线上采用，如 X 旅行社到东南亚海岛的各航线多用此种形式。由此可见，奖励旅游团临时性特征决定了“临时追位”为主的采购方式，加剧了不确定性，主要反映在如下几个方面。

（1）价格动态变化，航空公司作为使用收益管理最早、最成熟的行业，在价格的管理上更加灵活与细分化，与旅行社之间的关系也是一个博弈的过程；

这是一种技巧了，比如我们有时告诉航空公司我们要 40 个座位，他就给我们一个较低的价格，然后我们再要 40 个座位，如果我们一次告诉他要 80 个座位，他就全部是较高的价格了，很坏的。（GJ01 - M）

（2）多航班拆分，目前国内奖励旅游团规模通常都在 100 人以上，很多时候需要拆分成不同的航班才能完成，特别是对国际航线，由于各国航空主权的保护问题，需要借助于各航空公司所属的航空联盟内的其他公司来完成国际航程，增加了座位的不确定性因素；

（3）行程中不确定因素多，由于拆分的不同航班时间不同、中转机时间安排不同、地面交通的接驳也增加了旅行社策划线路时的灵活性需增加，不确定性因素增加。

（二）松散结合，航空公司强势

除了包机有较详细的协议外，其他合作方式也是一种松散的结合，航空公司呈现出绝对的强势地位：

我们和航空公司绝对强势不起来，只能用一些技巧来处理，现在机票是明折明扣，通常给我们的就是机票代理 3% 的佣金，没有其他的了，旅行社作为中间商是很被动的，比如航空公司误机了，客人会找我们；客人迟到了，航空公司也不会给旅行社面子。但这几年随着高铁的建设，航空的替代性产品增多，航空公司的态度有些转变，在淡季时会主动找上门来和我们谈，如多少折扣旅行社会接受，能收多少客等，肯放下架子来找我们谈，这已是一种进步了。(GJ06 - F)

航空公司的各种价格变动导致的机票成本上升，旅游费用都要相应上升，在旅游报价中机票的价格直接影响到旅行社产品的竞争力。

（三）关系维持：忠诚与合作

对航空公司来说，散客旅游团、常规包团及奖励旅游团是一个同质市场，并没有在机票价格上呈现出类别差异，与酒店的细分定价不同。只有在提前预订时间的长短上会有折扣的差别，因此巨大的市场需求份额，奠定了航空公司强势地位的基础。

在双方交易过程中，旅行社的积极配合与忠诚度在维持良好的合作关系中起到重要作用。一方面，在淡季时，旅行社由于直接接触消费者，掌握市场信息最迅速，可以在淡季时配合航空公司做一些促销活动，协助航空公司填补空座率。另一方面，最重要的是表现出忠诚，一位负责机票采购的负责人讲道：

比如说南航，我们是长期合作多年的一个伙伴，由于国内很多航空公司的航线是重复的，如东航、南航都有华东线，突然东航放了一个3.5折，通常都是4折。那我们的忠诚度就体现在这了，当我们知道这样的情况下，我们会不会将我们的团突然放在外面呢？我们通常会告诉南航这种情况，你是不是要去调查一下，如果只是某家航空公司临时搞市场的话，我们还会坚持与你合作，尽管你的折扣比别人高，因为我们合作久了，你也解释清楚了，认为可以接受得了。一般情况下，他们会调整下来，降低到与外面相同的价格，若你经常都不调整，我们也考虑持续合作的可能性了。我们相互之间没有协议，完全是一种忠诚关系的维持。(GJ07 - F)

正是这种关系的维持，旅行社在运作奖励旅游团时较其他专业策划组织具有了核心竞争优势，也是客户通常不能逾越旅行社的重要原因所在，机票作为一种稀缺资源，可替代性小，通常是谁先掌握了，谁就有主动权。

四　旅行社与目的地之间

（一）目的地官方的影响

出境旅游作为一种跨主权国家边界流动的社会现象，必然受到目的地国相关政策的影响。特别对大规模的奖励旅游出境团来说，从最初的选择到成行期间目的地官方支持度影响作用很大。

各目的地国在签证手续上提供的便利性、对资料要求的繁简性直接影响奖励旅游团能否成行，就目前市场看，尽管目前我国出境游目的地国家已经140个左右，但无论是在规模与数量上我国出境奖励旅游团的目的地主要集中在东南亚等国，中青旅国际会议展览有限公司2009年组织大型出境商务会奖目的地结构中港澳台与东南亚共占了整个出境市场的72%，X旅行社奖励旅游也呈现出同样的目的地结构特征，在访谈中了解到与多数东南亚国家提供的落地签政策有直接关系。

另外，各目的地国官方旅游机构的积极促销起到极大的推动作用，如官方出面的各种欢迎仪式、宴会、赠送的具有本国特色的礼品及赞助的各种文艺演出等，受到旅行社及客户的极大青睐，在旅行社策划奖励旅游团的整个行程中占重要地位。

（二）目的地合作伙伴的配合

目的地合作伙伴的素质与实力直接影响到奖励团的效果，就目前看由于我们的奖励旅游组团方多为旅行社，因此目的地合作伙伴也是旅行社占绝大多数，而与目的地管理公司（DMC）、Incentive House 等专业机构的合作还很少，没有充分利用目的地管理公司等的资源优势和专业服务，对出境游来讲多是华人经营的旅行社，在组团旅行社对目的地信息不对称的情况下，存在逆向选择与道德风险。一位旅行社会奖负责人谈道：

> 我们之前发了一个线路给地接社，是不进购物点的，通常奖励旅游团的行程是不进购物点的，地接社首先发给我们一个价格，后来就又发了一个价格说若客人不进购物点，则需每个人要加 20～40 元的成本价。这也是很讨厌的一个事。那我们就问还有什么自费项目呢？当你对一个目的地不是很了解的时候，就将一些自费项目融入线路中，因为自费项目通常都是比较精彩的。自费项目旅行社都是有佣金的，只有通过这样的方式来弥补地接社要加成本价的要求。（GT05－F）

五　小结

综上所述，奖励旅游交易过程中各交易主体是一种多方博弈的过程。一方面希望建立长期稳定的合作关系，获得对自身具有潜在价值的市场信息，减少信息搜寻成本，实现市场信息的最大价值，并且在频繁的沟通过程中形成对双方共同利益的认知，有维护共同体利益的倾向；另一方面，这种自愿的合作又不能依靠一个“包罗万象的合同”来实现，而必须是靠“默契合同”来维持。但这种默契在面临短期市场变化的情况下，受到交易主体不愿意失去其他交易机会的威胁，各主体交易关系显得飘摇不定。

第六章 奖励旅游者的特征及影响分析

第一节 设计框架

美国心理学家弗鲁姆1956年提出了期望理论：当人们预期到某一个行为能给个人带来既定结果，且这种结果对个体有吸引力，个体才会采取特定行为。表现为以下三种关系（罗宾斯、斯蒂芬·P.，2004）。

（1）努力与绩效的联系，个体感觉到通过一定程度的努力而达到工作绩效的可能性；

（2）绩效与奖赏的关系，个体对于达到一定工作绩效后即可获得的理想的奖赏结果的信任程度；

（3）吸引力，如果工作完成，个体所获得的潜在结果或奖赏对个体的重要性程度，与个人的目标和需要有关。

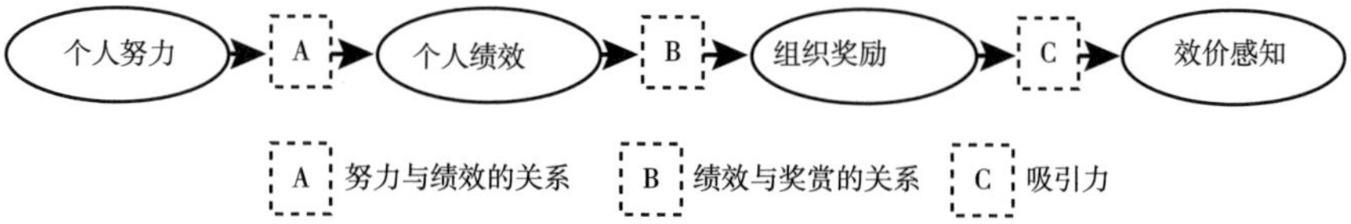

图6-1 弗鲁姆期望理论关系示意

期望理论明确阐释了影响消费者积极性的三种关系：①员工通过一定程度的努力可以达到组织设定的目标，从而激发起员工积极工作的信念，因此企业应在奖励旅游的使用时间与产品周期、绩效要求与目标设置、参与人数与比例等方面有相应的控制、管理与统筹安排。②员工取得了绩效后与奖励之间的关系，旅游作为一种奖励方式其制度化的运作可充分化解员工在此方面的担忧。③旅游与个人感知效价的关系，只有员工感觉到旅游的价值与自己的期望吻合，才能真正激起个人的内在积极性。

基于以上分析，奖励旅游者的行为特征研究聚焦在以下三方面：①参与者的利益寻求是什么？不同于传统旅游者的是奖励旅游者是在组织统一付费、统一安排，即钱、闲都既定的情况下的一种旅游体验，在这种情况下的利益寻求或动机是否不同？从组织角度看，其提供的奖励方式是否满足被奖励者的期望？解决绩效与奖赏的关系，可为组织者提供有益的借鉴；②奖励旅游者不同于一般的旅游者，精英意识强，消费水平高，对行程中的各种服务要求的个性化程度也高。影响其满意的关键因素有哪些？其行为特征对旅游中间商、供应商的策划服务与经营具有直接的指导意义。③参与者被期望的行为表现如何？是否有积极的工作意向？是否与组织者的期望吻合，分析框架如图 6－2。

第二节 问卷设计与调查

奖励旅游作为节事活动一种类型，是将休闲与工作进行彻底结合的一种活动，与会议展览不同的是旅游的主体性在活动策划时得到突出，不同于其他节事活动中旅游是作为一种附属活动而存在。

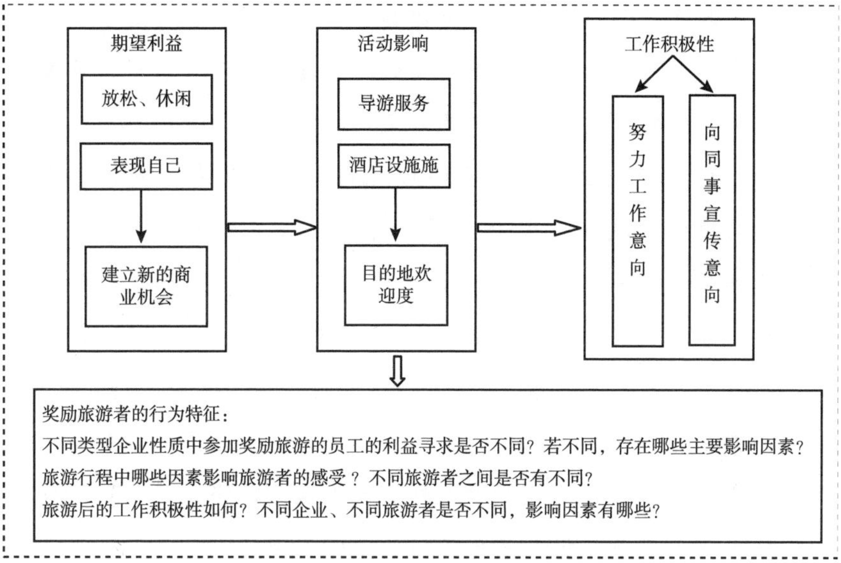

图 6－2　奖励旅游者行为特征分析框架示意

为了进一步得出奖励旅游者的期望与影响因素，在文献基础上，选取了信诚与友邦两家保险公司中多次参加奖励旅游的员工，共 18 人次进行了半结构性电话访谈，所有访谈录音并整理，共围绕三个问题：①参加奖励旅游活动中，有哪些期望？②行程中认为哪些环节较重要，这些环节多大程度上会影响到您的体验及满意程度？③参加奖励旅游回来后，对您工作有哪些影响？对访谈资料的整理结果如下。

一　关于期望收获

对此问题的回答中，接近 100% 的受访者提到了业务交流、建立网络关系，对个人职业发展方面的期望，与文献中的会议参加者在此方面的动机没有很大区别；只是在交流环节，增加了以小团体交流或基于私人感情交流方面的因素。

其实，旅游中更重视看你和什么人一起去，一起去的伙伴是谁？是一般的朋友，还是最好的朋友？若没有最好的朋友一起去，就直接去放松一下就好了。(VL15 - F)

旅行的过程就是让这些熟悉的尖子聚集在一起，会有上瘾的感觉，就和吸白粉一样。去哪个地方不重要，重要的是让这帮人在一起，有时会有一些新人进来，但会有一些假精英，最终就淘汰掉了。做我们这行业，总有高低潮，精英之间相互会鼓励，希望大家一起去，人家会为你加油！(VHU13 - M)

很在意在旅游过程中遇到的人或遇到的事；其实风情每个地方都差不多，但人是会不同的。(VH14 - F)

我已工作十年了，依然觉得这种形式很有吸引力，去哪里没所谓，只是一种氛围，一种文化。(VCA10 - M)

接近90%以上的人认为，这是一种高品质的体验，是一种荣誉，与个人旅游不同，宁愿公司组织去，也不愿意公司发放奖金自己旅行。

公司组织的旅游豪华一点，玩的时间多一点，不用看预算放心一点，购物很少，因为公司旅游通常就是玩、吃；可增加阅历，选择公司一起去，自己难定下时间，不用操心，公司花钱豪爽一些。(VW04 - F)

公司旅游品质很高，享受这种过程；发现金或与朋友家人等一起去就没有这个必要了；这是一种额外的奖励，可以证明自己可以达到业绩的一种荣誉体验。(VG08 - F)

公司会很用心，很人性化，与自己在外面花钱跟旅游团是完全不同的，会很有品质的；入住环节的欢迎中会有自己的名

字；会安排人给你照相，会将花絮保存下来发给每个人。（VL07 - F）

最后，多数受访者认为增长见识、感受当地文化也是主要的期望之一，正如前所述，奖励旅游是以休闲为主的节事活动，不同于其他节事活动。

基于以上分析，在期望与收获方面，在文献的基础上增加了以下几方面的测试题项，如个人的情感交流、工作中荣耀的体现、增长见识三方面的内容，详见表 6 - 2。

二　关于行程中影响满意的因素

在文献基础上可知，团体包价旅游是由旅游业的各相关部分组成的一种整合产品，其中酒店、航空、导游服务及行程中的各种安排均是影响游客满意的主要环节。奖励旅游作为一种高端团体包价产品，本质上依然具有团体包价旅游的特征。但同时具有自己的特点，如行程策划的个性化、定制化程度高；对目的地的支持度依赖性强，对各项标准的要求也更高。

结合笔者在 X 旅行社的参与式观察，以下几方面是影响现阶段国内奖励旅游的主要环节：酒店、行程、导游、主题晚宴、航空交通与目的地欢迎。主题晚宴服务是目前使用最多的奖励旅游行程中具有创意的内容之一，通常企业会单独预算与策划。目的地欢迎服务同样重要，原因是国内的奖励旅游团通常人数在 100 人以上，出行时间较集中，特别是在出境游中签证的办理、欢迎仪式的举办及各种接待设施的协调上都会出现各种问题，此时目的地政府或管理公司强有力的协调与支持便十分重要。

访谈中也进一步证明了这几方面的关键性。如：

导游的内涵与质量很重要，要对当地风俗了解更深，并传达给游客；比如我们参加的一个内蒙古的团，当时九月的天气已是草枯天冷了，时间不凑巧，但我们遇到了一位当地的导游，在车上很真实的把内蒙古的演变过程与故事讲给我们听，虽然没有看到草原的景色，但那种气概还是通过导游传达给了我们。其实导游只要将此做好了，后面的安排我们都会相信他的，即使带去购物我们都更愿意相信他；若导游目的不纯，服务意识不强，不是专心为客人服务，有没有用心在做，有没有诚意？你的工作职责在何处？如何体现，若是太多冠冕堂皇的东西一看就看出来了。(VH14 - F)

住的标准很重要，是最关键的，行程安排不要太急，会有一些 VIP 嘉宾讲座充电就更好。(VL15 - F)

此外，笔者通过对 X 旅行社奖励旅游团旅行后消费者评价的反馈资料中，也进一步验证了这几点在行程中对消费者满意的重要性。

表 6-1　奖励旅游者行程影响因素评价表

项目	内容
酒店服务	酒店安排一般;酒店加床摇摇晃晃;酒店房间拥挤、设施差;酒店行李收发服务不好;对酒店退还保证金一事极为不满,等等。
导游服务	个别工作人员缺少热情,冷言相向,不够专业;导游服务态度一般,很少讲解当地风情;游览景点内没有导游只有集合地点才有,造成迷路无人沟通等诸多不便。
行程安排	行程安排不好,下午 2 点吃饭,4 点又吃饭,没有按原计划执行;景点不够吸引;时间应安排再紧凑些,时间浪费很多;出发时在机场等待时间太长;晚上活动更丰富一些,等等。
购　物	购物时间太少,希望有自由购物时间,等等。
膳　食	膳食质量和地点一般;膳食没有特色;不喜欢火锅,等等。

说明：本表内容由笔者整理。

三　关于参加奖励旅游后对工作的影响

围绕文献中提出的两方面维度：口碑与重游意向，同时结合在访谈中的资料分析，发现在访谈的 18 人次中，95% 以上的人认为奖励旅游之后自己工作积极性会有提高，个别人认为会有促进，并不明显。细化成为七个方面的问题，详见表 6－2。

> 回来之后工作动机肯定有很大增加，心里想去又有业务交流不单纯是玩了；这个月不去下个月还有，与你个人是否想要有很大关系；很多不达标的，标准很严格，不达标就不行。（VHM03－M）
>
> 回来之后工作积极性 100% 提高，我本身喜欢旅游，每次都积极争取，每次感受都不一样，积极性提高是多方面的，因为会有些培训与激励内容在里面，而且确实身心放松，能带家人更好。（VZ16－M）

四　问卷预测与调整

问卷初步设计形成后，笔者借在 X 旅行社实践的机会，与旅行社奖励旅游中心的三位经理采用焦点组访谈的方式进行了讨论与调整：①在第一部分加入了购物方面的期望，因为就目前情况看，国内的奖励旅游团特别是出境团在购物方面的期望与体验占有重要的地位。②在第二部分的行程安排中加入了餐饮的因素，这与以往文献中对餐饮的作用认识有所不同，同时在主题晚宴中也特别强调了餐饮的特色。目的地欢迎服务中加入了对环境安全的感知，而去掉了奖励旅游者旅游决策的相关内容，如目的地选择、目的地的相关信息、公司对旅游预算的控制政策、旅游中可能出现的各种风险、签证手续的便利程度等。原因在于访谈中专业人士认为此环节作为奖励旅游者是完全不介入的，完全是由公司的购买者决策。基于消费者旅行中事先对目的地信息的了解与掌握程度会直接影响到其行程中的各种感知这样的认识，最初问卷设计中试图加入此方面的信息，但访谈后进行了删除。

问卷形成后，首先对信诚人寿的25位参加奖励旅游的人员进行了预测，在此基础上对问卷中的一些信息排列顺序、措辞及个人统计信息等内容进行了增减、调整，形成最终问卷如表6－2。

表6－2　奖励旅游者行为特征问卷设计变量来源

	文献	奖励旅游者访谈	专业人士访谈
一、期望收获			
与同行在一起进行业务交流	V	V	
对个人工作有帮助	V	V	
增进同行之间的了解	V	V	
建立新的网络或商业关系	V	V	
与经常参加此活动的人在一起获得乐趣		V	
显示自己在工作中取得的成绩增加荣誉感	V	V	V
增长见识，开阔视野	V	V	
充分感受公司文化增加自豪感		V	V
到以前没有去过的地方		V	
可以结交新朋友	V	V	
可以感受到公司对自己工作的认同		V	
可以感受当地的文化风俗	V	V	
可以享受个性化的尊贵服务		V	V
可以享受购物乐趣			V

续表

	文献	奖励旅游者访谈	专业人士访谈
二、行程满意因素			
酒店的硬件设施	V	V	
酒店服务的响应速度	V		
酒店人员的服务态度	V	V	V
酒店的地理位置	V		V
酒店提供的信息可靠性	V	V	
行程安排的景点丰富度	V	V	
行程安排的时间合理性	V		
行程中有会议培训讲座		V	
有与同行自由交流的机会		V	
导游的服务意识	V	V	
导游对当地风俗了解程度	V	V	
导游的协调能力	V	V	
导游提供信息的准确性		V	
导游处理突发事件的能力			V
主题晚宴的地点与吸引力		V	V
主题晚宴的餐饮特色		V	V
主题晚宴的活动内容		V	V
航班的时间安排合理性		V	V
航班座位舒适度高			V
地面交通安全性舒适度高			V
目的地欢迎度高		V	V
目的地居民友好度	V		
目的地环境安全性	V		V
三、旅游后工作影响			
努力工作　争取下次机会	V	V	
增加对公司的信心	V	V	
更喜欢公司的文化	V	V	
满意自己的工作环境	V	V	
愿意付出额外努力协助公司	V		
积极向同事讲述行程中乐趣	V	V	
鼓励同事一起去	V	V	

五　调查过程

在前期旅行社访谈的基础上，结合可进入性，笔者采用方便抽样的方法共征得了广之旅国际旅行社有限公司、中青旅会展广州公司、信诚人寿、广东省国际旅行社有限公司、广东省中国旅行社有限公司、羊城之旅国际旅行社6家调查单位的支持与配合。其中前二家旅行社的奖励旅游团以基于业绩型的奖励旅游为主，而信诚人寿保险公司是广之旅奖励旅游中心接待的标准与规格最高的VIP客户，同时也是典型的基于业绩型的奖励旅游团，填写问卷的人员全部是有至少5次以上奖励旅游经历的人员。广东中旅、广东国旅则是近三年中国旅行社综合实力百强企业，奖励旅游团种类包含了三种类型。羊城之旅作为广州市政府直属大型国有企业集团，多数为基于福利型与奖励型商务旅游的奖励旅游团。

以上述6家单位，2011年4～5月期间成行的企事业单位的奖励旅游团为调查对象，共包括信诚人寿、三一重工、中国人寿保险公司、广州八一实验中学、广州澳加服装有限公司等共22家单位。在选定了调查对象后，笔者与每个出团领队进行了谈或电话交流，详细交代了问卷填写过程中的注意事项，由导游随团发放问卷现场填写并回收，出团回来后，笔者立即收回问卷，样本回收情况如表6－3。

表6－3　奖励旅游者调查单位样本回收情况

旅行社	回收样本数	有效问卷数	有效率(%)
中青旅广州	10	10	100
广之旅	44	35	79.5
信诚人寿	97	84	86.6
广东中旅	70	60	85.7
广东国旅	65	61	93.8
羊城之旅	88	70	79.5

第三节　奖励旅游者的行为特征分析

一　样本基本情况

共发放问卷500份，回收374份，回收率为74.8%，剔除信息不全及所有选项得分都一致的问卷共54份，得有效问卷320份，其中男性占42%，女性占58%；年龄以26～35岁为主，占到55.5%；学历层次以本科及大专居多占到65.7%。在企业任职年限则分布较平均，以1～3年的稍多为27.1%，这与保险、金融、通信等使用奖励旅游较多的行业的员工年龄较轻及学历较高有直接的关系。在与公司的关系上以公司员工为最多，占到67%，公司客户居第二10.7%，而经销商则最少只占到了5.3%，以其他身份的占到了17%，如公司员工的家属、朋友等。行业类别中保险、金融、高校科研机构居多，与市场上奖励旅游使用频率的行业间差别基本相符。企业性质以国企居多，其次为中外合资、民企、外资，分别占到33.6%、26.5%、17.1%与10.3%。

表6－4　奖励旅游者问卷调查样本基本情况

类　　别	分类	样本数	比重(%)
性　　别	男	133	41.7
	女	187	58.3
年　　龄	25岁以下	41	13.1
	26～30	104	32.4
	31～35	74	23.1
	36～40	63	19.6
	40以上	38	11.8

续表

类　　别	分类	样本数	比重(%)
文化程度	高中	60	19.0
	本科或大专	211	65.7
	研究生以上	49	15.3
参加身份	公司员工	214	67.0
	经销商	17	5.3
	公司客户	34	10.6
	其他人员	55	17.1
行业类别	医药保健	5	1.6
	保险	92	28.7
	化妆品	4	1.2
	汽车制造	7	2.2
	金融	37	11.8
	通信	3	0.9
	高校及科研机构	45	14.0
	其他	127	39.6
公司性质	国企	107	33.6
	民企	55	17.1
	外资独资	33	10.3
	中外合资	85	26.5
	其他	40	12.5

二　奖励旅游者的期望与类型

（一）奖励旅游者的期望

问卷内部一致性检验。克朗巴哈系数（Cronbach α）是指量表所有可能的项目划分方法所得到的折半信度系数的平均值，表示一组计量项目是否在衡量同一概念，是衡量数据内在一致性的重要指标。一般认为 Cronbach α 值大于 0.6，表明数据可靠性可以接受。

若介于0.8~0.9之间，则表示问卷的信度甚佳。本问卷三部分的信度系数均在0.8以上，表明结果是可信的。

表6-5 奖励旅游终端消费者问卷内部一致性检验

内容	期望因素	满意因素	工作积极性	总问卷
α	0.886	0.916	0.929	0.938

为了得出奖励旅游者的期望，本部分采用因子分析法进行分析。因子分析的目的是在大量可观测的变量中识别出几个潜在的、代表着主要信息的少数几个因子，以代替原来的大量统计变量进行进一步的统计分析。

首先，进行KMO（Kaiser-Meyer-Olkin）与巴特立特（Bartlett）球度系数检验，如果KMO小于0.5则不适合进行因子分析。本问卷KMO的测试系数为0.882，Bartlett球形检验的卡方值为1973.000，显著性小于0.001，达到非常显著水平，表明问卷的第一部分调查数据适合做因子分析。

表6-6 巴特利球体检验表

KMO测试系数		0.882
巴特利球体检验	近似卡方分配	1973.000
	自由度	91
	显著性	0.000

继而对问卷采用正交方差极大法进行因素旋转，以特征根值大于1为截取因素的标准并参照碎石图来确定因素，14个项目中删除因子载荷量低的项目，共提取了3个公因子：工作交流、旅游观光、体验尊贵，累积方差贡献率达到61.94%，结果见表6-7。

表 6-7　奖励旅游者期望因子分析

观测变量	工作交流	旅游观光	体验尊贵
对个人以后工作有很大帮助	0.844		
可以与同行在一起进行业务交流	0.831		
可以建立新的网络或商业关系	0.788		
可以增进同行之间的了解	0.753		
充分感受公司文化增加自豪感			
可以感受到公司对自己工作的认同			
可以去到自己以前没去过的地方		0.809	
增长见识,开阔视野		0.738	
可以感受当地的文化风俗		0.695	
与经常参加此活动的人在一起获得乐趣		0.557	
可以享受个性化的尊贵服务			0.800
可以享受购物乐趣			0.785
显示在工作中取得的成绩,增加荣誉感			0.545
特征根值	5.749	1.847	1.077
解释变异量(61.94%)	41.604	13.191	7.694
Cronbach Alpha	0.859	0.749	0.698

从以上分析结果中可知，奖励旅游者通常有三种期望：①工作交流：与职业发展相关的交流因子，如对个人以后工作发展有帮助，可以建立新的商业或网络关系，可以与同行进行业务交流，可以增进同行之间的了解；②旅游观光：如可以到自己以前没过的地方，可以增长见识，可以感受当地的文化风俗，可以与经常参加此活动的人一起获得乐趣；值得提出的是，在访谈中受访者表现出与精英们一起去的向往，但因子分析中，并没有将此题项归入交流因子中，而是在旅游观光类因子中，反映出了志趣相投的人们在旅行中更多倾向于与休闲放松相关的交流而非工作交流。③体验尊贵：如可以显示自己在工作中取得的成绩，获得荣誉感，可以享受尊贵的个性化服务，可以享受购物乐趣等，购物被归为在体验因子中。

（二）奖励旅游者的类型划分

在因子分析的基础上，以三类因子为变量对 320 份样本进行快速聚类分析，目的是在类型划分的基础上，进一步验证奖励旅游者的期望差异及在行程中的影响因素的差异性。在聚类的基础上，对以上三种类型的旅游者进行了方差显著性检验，结果显示三类旅游者在三个不同因子上的期望值均有显著性差异，说明此种划分具有意义。

表 6－8　奖励旅游者聚类分析

	类型			显著性水平
	工作交流	旅游观光	体验尊贵	
工作交流因子	0. 19791	－1. 29273	0. 35672	. 000*
旅游观光因子	－. 49378	. 89754	－. 00397	. 000*
尊贵体验因子	－. 93974	－. 13663	. 69467	. 000*

说明：* 表示显著性差异。

因此，按照奖励旅游者的期望可将其划分为三类：第一类是工作交流类，期望在行程中进行与职业发展相关的交流；第二类是旅游观光类，对旅游观光寄以较高期望；第三类是体验尊贵类，最看重尊贵的气氛与个性化的服务，同时对交流的期望值也较高。

（三）人口统计变量对奖励旅游者期望的影响分析

为了进一步了解不同人口统计学特征在奖励旅游期望上的差异，首先依据各人口统计变量的不同而选择用独立样本 t－检验或单因素方差分析的方法进行检验；根据检验结果进一步对有显著性差异的各变量进行事后多重比较（Post-Hoc test），了解其均值差异及意义。

表 6－9　不同人口统计变量在奖励旅游期望上的差异显著性检验

	工作交流	旅游观光	体验尊贵
性别	0.826	0.640	0.252
年龄	0.275	0.671	0.729
受教育程度	0.001*	0.383	0.194
工作年限	0.969	0.019*	0.899
参加身份	0.880	0.477	0.037*
行业类别	0.117	0.000*	0.006
企业性质	0.599	0.000*	0.003*
旅游经验	0.633	0.056	0.201
收入状况	0.302	0.635	0.001*

说明：* 表示有显著性差异。

从上表可知，旅游者不因性别、年龄及出游经验的不同而在参加奖励旅游的期望上表现出显著性差异，出游次数的多少也并没有显著影响其参加奖励旅游的期望。但在以下几项呈现出显著性差异。

（1）受教育程度，在工作交流因子上呈现出显著性差异（P＝0.001），进一步检验（Tukey LSD）发现：学历越高，其交流期望越低，与其他各层次呈现显著性差异。

表 6－10　受教育程度在奖励旅游者期望上的差异性检验

工作交流因子	受教育程度	N	均值	sig	F	Tukey LSDa
研究生	研究生(4)	49	－.4955263		7.442	(4)＜(2)＜(3)
	高中(2)	61	.0542249	0.010*		
	本科(3)	210	.0998718	0.000*		
	总共	320				

（2）公司任职时间：在公司的工作年限不同，对旅游观光的期望差异性显著，$P=0.019<0.05$，但尽管总体表现差异，而在组

间的两两比较上却没能发现显著性差异。

（3）参加奖励旅游的身份不同，在体验尊贵的期望上有显著性差异（P=0.037），进一步事后比较发现，以公司客户身份参加奖励旅游的旅游者在体验尊贵的期望最突出，与公司员工及以其他身份参加的差异最显著。调查中也发现，目前面向公司客户的奖励旅游多为购买产品中奖客户，公司及中间商通常是按常规团来运作的，在策划、设施的选用上并无奢华之意。

表 6－11 不同身份对奖励旅游期望的差异性检验

体验尊贵因子	参加身份	N	均值	sig	F	Tukey LSDa
客户	其他(4)	55	－0.0879460	0.066	2.857	(3)>(1)>(2)>(4)
	员工(1)	215	－0.0600886	0.037*		
	经销商(2)	17	0.1664692			
	客户(3)	33	0.4523064			
	总共	320				

说明：*表示有显著性差异。

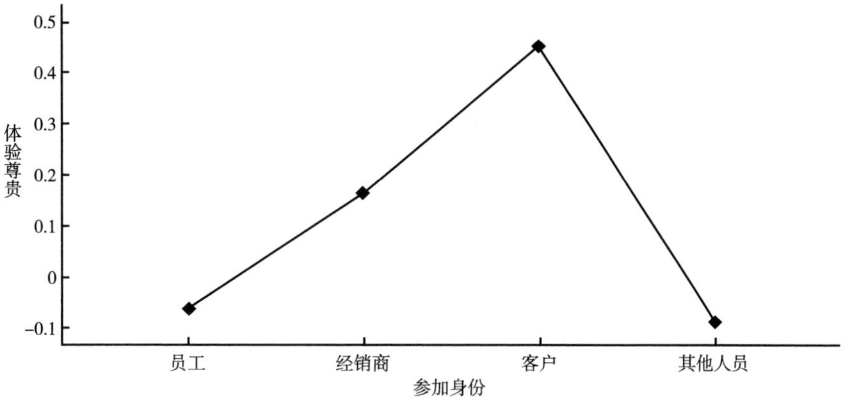

图 6－3 不同身份奖励旅游者期望差异示意

（4）行业类别：行业类别不同在旅游观光上表现显著性差异，进一步比较发现，高校及科研机构在此方面的期望高于保险、金融、化妆品等行业类别，且呈显著性差异（P = 0.000）；但由于化妆品、金融行业的样本过小，所以其结果难以确定。

表 6 - 12　不同行业类别在奖励旅游期望上的差异性检验

旅游观光因子	行业类别	N	均值	sig	F	Tukey LSDa
高校科研机构	高校科研 7				4.168	(7) > (8) > (2) > (5) > (3)
	其他 8	127	-0.2861806	0.000*		
	保险 2	92	0.1642640	0.047*		
	汽车制造 4	7	0.1632529	0.370		
	医药 1	5	-0.3644850	0.054		
	化妆品 3	4	-0.0863288	0.026*		
	通信 6	3	-0.0863288	0.297		
	金融 5	37	0.0385193	0.027*		
	总共	320				

说明：* 表示有显著性差异。

（5）公司性质：来自不同公司性质的奖励旅游者在旅游观光期望上呈现出显著性差异，民营企业在此方面期望最低，与其他各类性质的企业均有极显著性差异（P = 0.000），进一步事后结果如下表 6 - 13。

表 6 - 13　不同企业性质在奖励旅游期望上的差异性检验

旅游观光因子	企业性质	N	均值	sig	F	Tukey LSDa
民企	民企(2)	55	-8.9796843		17.890	(2) < (3) < (1) < (4)
	外资独资(3)	33	-2.7354967	0.000*		
	国企(1)	107	1.3854216	0.000*		
	中外合资(4)	85	1.8550954	0.000*		
	其他(5)	40	4.9246640	0.000*		
	总共	320				

说明：* 表示有显著性差异。

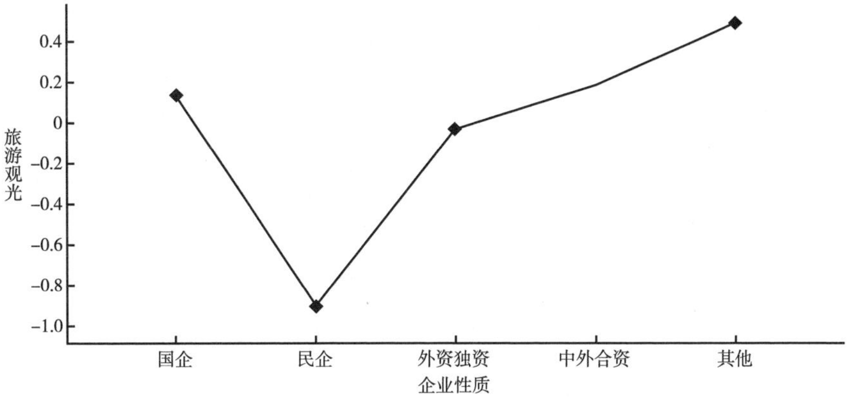

图 6－4　不同企业性质奖励旅游期望差异示意

（6）月收入：不同的月收入水平，在体验尊贵的期望上表现出显著性差异，（P＝0.001），收入越高，期望越突出，进一步事后两两比较结果如下表 6－14。

表 6－14　不同收入奖励旅游者在期望上的差异性检验

体验尊贵因子	月收入水平（元）	N	均值	sig	F	Tukey LSDa
月收入>2 万元	<5000（1）	116	－0.1671590	0.001*	4.953	（5）>（1）>（2）
	5001～10000（2）	125	－0.0717378	0.003*		
	10001～15000（3）	36	0.1883951	0.204		
	15001～20000（4）	21	0.2364829	0.410		
	>20000（5）	22	0.7549682			

说明：＊表示有显著性差异。

（四）小结

参加奖励旅游的期望因人而异，激励效果也因此不同，了解影响其差异的人口统计学特征，可以为购买方企业、旅行社提供有意义的借鉴。从以上分析可看出：①学历越高在行程中交流的期望就越小，结合在行业类别中高校及科研机构对旅游的期望值要高于其他行业类别，而其正是高学历群体，也进一步验证了这种现象，即高学历群体交流期望低而旅游期望高，因此，面向高校科研机构的奖励旅游团在行程策划时交流环节、参观考察、会议等不应该占有很大比重；相反突出自然、人文特色的旅游景点会更具吸引力；②民营企业奖励旅游者在参加奖励旅游时旅游观光的期望低于其他性质的企业，但在交流与体验尊贵上却没有显著性差别，表明单纯的旅游、观光对其吸引力不大。正如访谈中一位民营企业的负责人曾说：

> 我们企业与国企不同，国企员工的稳定性要高一些，后顾之忧要小些。就我们企业讲，现阶段由单位组织旅游的可行性不大，特别是对珠三角的一线员工，我敢保证其收入决定了其不愿意接受去旅游的，因为要养家，要生活，有选择的情况下，100%是选择发钱了。（CLB06－1）

③在体验尊贵的期望上，月收入高于 2 万元的与月收入 1 万以下的有明显差异，收入越高，体验尊贵的期望越高，对个性化服务的要求、享受购物乐趣的期望都越高。此外在参加身份上，公司客户表现出强烈的体验尊贵的期望，对企业及旅行社来讲在策划奖励旅游活动时应增加此方面的策划将起到较强的吸引力。

三　奖励旅游者对服务要求的影响分析

（一）影响奖励旅游者行程满意的关键性服务

本部分旨在提炼出整个团体行程中，旅游者最看重的服务因素有哪些，影响其满意的重要性程度如何，借此来分析旅行社的各项服务的针对性与有效性。

同样运用因子分析法，首先对问卷第二部分进行了 KMO（Kaiser-

Meyer-Olkin）系数与巴特立特（Bartlett）球度系数检验来验证使用因子分析的适合性。结果显示，KMO 的测试系数为 0.894，Bartlett 球形检验的卡方值为 4253.000，显著性小于 0.001，达到非常显著水平。

进一步采用正交方差极大法进行因素旋转，以特征根值大于 1 为截取因素的标准并参照碎石图来确定因素，26 个项目中，删除因子载荷量低的项目，共提取了 7 个因子，分别是导游的能力与服务、酒店的服务与设施、行程安排的合理性、交通服务的舒适性、主题晚宴的新奇性、目的地的欢迎度、行程的灵活性如交流与自由活动等。累积方差贡献率达到 69.448%。结果如表 6－15。

表 6－15　奖励旅游者行程服务影响因子分析

观测变量	因子名称						
	导游能力服务	酒店设施服务	行程安排	主题晚宴	交通舒适度	行程策划	目的地欢迎度
导游协调能力	0.818						
导游服务意识	0.786						
导游处理突发事件的能力	0.779						
导游提供的信息准确性	0.760						
酒店人员对要求的响应速度		0.731					
酒店的地理位置		0.690					
酒店人员的服务态度		0.681					
酒店的硬件设施标准		0.665					
酒店提供的信息准确性		0.628					
行程安排的景点文化特色			0.791				
行程安排的时间合理性			0.746				
行程安排的景点丰富度			0.734				
主题晚宴的餐饮特色				0.836			
主题晚宴的地点				0.822			
主题晚宴的活动内容的新奇性				0.819			
航班座位的舒适性					0.824		
航班的时间的合理性					0.817		
地面交通的安全性与舒适度					0.743		

续表

观测变量	因子名称						
	导游能力服务	酒店设施服务	行程安排	主题晚宴	交通舒适度	行程策划	目的地欢迎度
行程中有安排参观同行公司						0.821	
行程中有丰富的休闲活动安排						0.741	
目的地政府的欢迎程度							0.772
目的地居民的友好程度							0.768
特征根值	8.969	2.372	2.019	1.353	1.298	1.042	1.003
方差贡献率	34.497	9.123	7.764	5.205	4.993	4.008	3.859
累积方差贡献率	34.497	43.619	51.383	56.588	61.581	65.589	69.448
Cronbach Alpha	0.876	0.840	0.809	0.849	0.835	0.435	0.637

（二）不同期望类型的奖励旅游者对行程中服务影响因素的差异性分析

为了进一步验证三种不同期望类型的奖励旅游者在行程服务上的感受差异，以类型为自变量，以七类不同因子为因变量进行了单因素方差分析，结果如下表6－16。

表6－16　不同期望类型的奖励旅游者服务影响因素差异性检验

因子	显著性			
导游服务与能力	0.214	0.369	0.656	0.090
酒店设施与服务	0.014*	0.059	0.015	0.102
行程安排	0.015*	0.006	0.017	0.098
主题晚宴	0.014*	0.508	0.153	0.011
交通舒适度	0.517	0.260	0.253	0.917
行程策划	0.000*	0.000*	0.000*	0.766
目的地欢迎度	0.507	0.417	0.312	0.562

说明：*表示有显著性差异。

由此可见，酒店设施与服务、行程安排、主题晚宴三项对不同类型的客人在5%的水平下呈显著性差异；而行程策划则在1%水平上显著，表明三类消费者对行程策划的要求有较显著的不同，而对导游服务与能力、交通舒适度、目的地欢迎度上没有显著性差异，如下均值组图 6－5 所示。

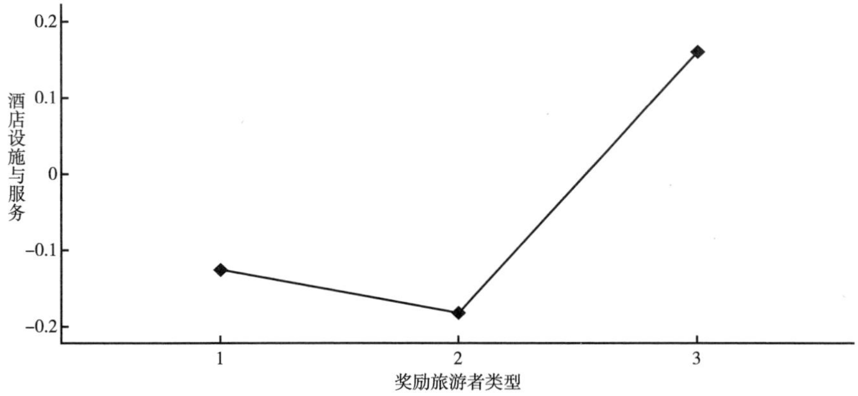

图 6－5　不同期望类型的奖励旅游者对酒店设施与服务要求的差异性

由图 6－5 可知，第二类旅游观光类客人对酒店服务的期望值最低，第三类体验尊贵型客人对酒店设施与服务的要求最高，与访谈中的结果一致。旅游观光类消费者由于受传统包价旅游的影响，主要目的在于观光游览而对具体服务细节要求相对不高。

> 他们就是将我们当作一般团来做了，没有用心在做，有一次我们去一个海滩，当时我们住的条件太差了，我们认为太差了，一会儿没热水了，一会儿跳闸了，可能也是受当地接待条件的限制，也可能有这方面的原因，当时试过，我们有几个团友就行吧，那我自己掏钱，刚好隔壁有一个豪华的酒店，应该是 800～1000 一晚吧，反正我们这些做销售的，兜里还是有些钱的，他们就自己去隔壁自己去租房，然后留下一个电话在房间里：有啥事，通知我！（CYB14－1）

在行程安排上第一类工作交流类旅游者期望值最高，其他两类则差别不大，并在5%水平上显著性差异。反映出以交流为主要期望的旅游者对行程安排中的时间合理性、景点丰富度要求较高。

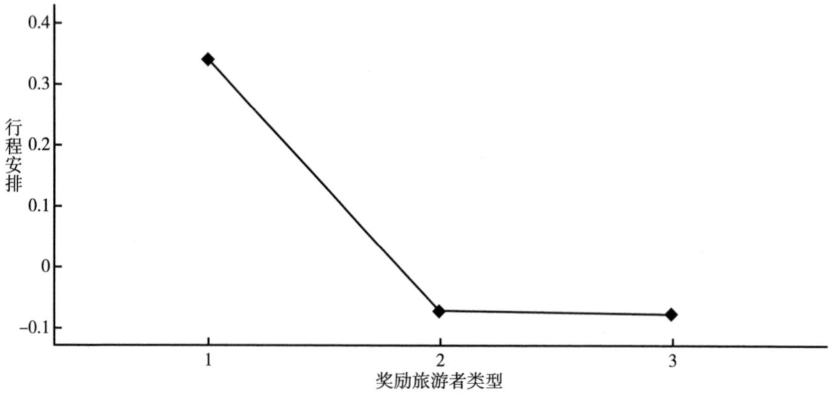

图6－6　不同期望类型奖励旅游者对行程安排要求的差异性

对于主题晚宴服务，旅游观光类客人的期望最低，交流类与体验尊贵类客人的期望较高，这与通常主题晚宴会有公司高层出席讲话，同时会有一些精心策划的颁奖活动相吻合，正是因为这些活动为交流与体验类旅游者创造了机会。

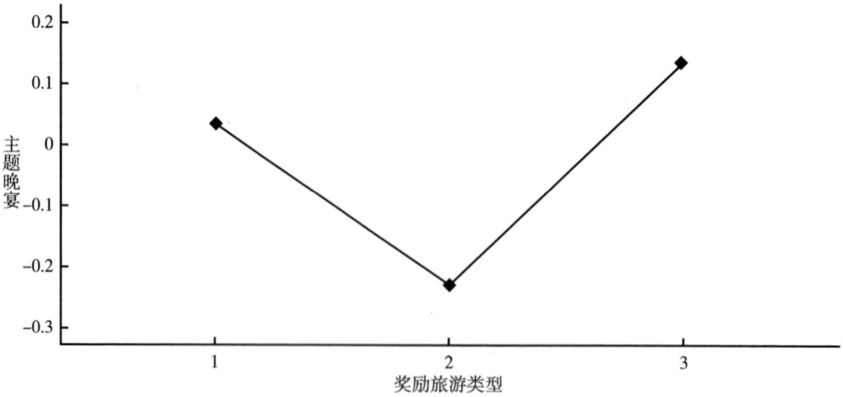

图6－7　不同期望类型奖励旅游者对主题晚宴要求的差异性

行程策划上三类旅游者的期望呈现出显著性差异，其中工作交流类客人期望值最低，而旅游类与体验类客人要求较高，其中以体验类客人要求最高。这一点在访谈中也得到了印证。

其实去哪啊也不很重要了，桂林也好，三亚也好，一下午留时间给我们就行了，你是海边散步也好，你骑自行车也好，随你自己吧，晚上集合就行了。(CBE15 -1)

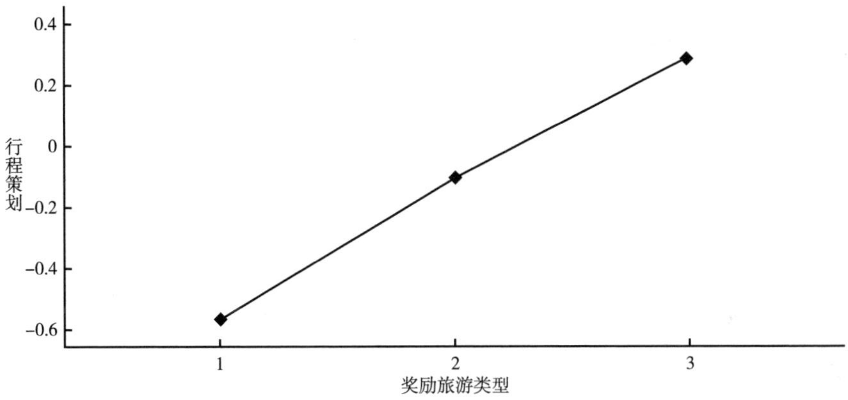

图 6 -8　不同类型奖励旅游者对行程策划要求的差异性

综上所述，一方面，酒店的档次、行程安排的弹性与定制化程度、主题晚宴的新奇性是影响奖励旅游服务质量的主要因素，旅游者很看重，不同期望类型的奖励旅游者具有显著性差异；而尽管导游服务的期望均值最高，但在三类之间的差异却不显著，三类旅游者对导游服务的要求都较高，同样交通舒适程度作为行程中的基本服务，各类旅游者也都很看重。

（三）奖励旅游者对行程中服务影响因素的人口统计变量分析

为了进一步分析人口统计变量对行程服务中各影响因素重要性的要求有何差异，同样运用单因素方差分析，对有显著性差异的各变量进行事后多重比较（Post-Hoc test），了解其均值差异及意义。

表 6-17　不同人口统计变量在行程服务影响因素上的差异性检验

	导游 1	酒店 2	安排 3	晚宴 4	交通 5	策划 6	目的地 7
性　别	0.562	0.913	0.188	0.014*	0.382	0.954	0.003*
年　龄	0.105	0.153	0.304	0.011*	0.178	0.005*	0.924
教育程度	0.499	0.799	0.051	0.198	0.127	0.011*	0.577
工作年限	0.008*	0.024*	0.361	0.206	0.789	0.000*	0.303
参加身份	0.006*	0.070	0.135	0.314	0.700	0.966	0.995
行业类别	0.032*	0.050*	0.025*	0.005*	0.256	0.005*	0.470
企业性质	0.001*	0.270	0.013*	0.257	0.014*	0.011*	0.900
旅游经验	0.321	0.658	0.546	0.714	0.166	0.973	0.079
收入状况	0.956	0.020*	0.505	0.143	0.003*	0.210	0.500

说明：* 表示有显著性差异。

1. 性别差异

男性与女性在看待晚宴的重要性上有显著性差异，女性高于男性；同时在目的地欢迎程度上也表现出显著性差异，男性认为更重要。

表 6-18　性别在服务因素中的差异性

	性别	N	均值	sig	F	TukeyHSDa
主题晚宴	男(1)	134	-1.651E-1	0.014*	6.096	(2)>(1)
	女(2)	187	1.157E-1			
目的地欢迎度	男(1)	134	1.93E-1	0.003*	8.794	(1)>(2)
	女(2)	187	-1.384E-1			

说明：* 表示有显著性差异。

2. 年龄差异

年龄在主题晚宴的安排上呈现显著性差异，进一步两两比较发现，年龄在40岁以上的旅游者认为主题晚宴的重要性要低于年龄在26～30岁之间，通常主题晚宴的内容与新奇性更倾向于为年轻人所喜欢。

表6－19　年龄在主题晚宴中的差异性

主题晚宴	年龄	N	均值	sig	F	Tukey HSDa
>40	<25(1)	42	－0.1506615	0.916	3.308	(5)<(2)<(4)
	26～30(2)	104	0.1762350	0.049*		
	31～35(3)	74	－0.1583007	0.893		
	36～40(4)	63	0.1990442	0.064		
	>40(5)	38	－0.3374815			
	总共	320				

说明：＊表示有显著性差异。

相应的年龄在40以上的旅游者对行程中充满新奇的策划性环节的重要性认知要低于年龄在26～30之间的人群。

表6－20　年龄在行程策划中的差异性

行程策划	年龄	N	均值	sig	F	Tukey HSDa
>40	<25(1)	42	0.1103029	0.066	3.844	(5)<(2)<(1)
	26－30(2)	104	0.2089287	0.033*		
	31－35(3)	74	0.0118525	0.103		
	36－40(4)	63	－0.1489619	0.505		
	>40(5)	38	－0.4698367			
	总共	320				

说明：＊表示有显著性差异。

3. 受教育程度

受教育程度在行程策划上呈现显著性差异，进一步多重比较中发现，研究生及以上学历与高中学历的差异较显著，前者低于后者，即高学历旅游者在行程策划上的重要性认知要低于低学历者。

表 6－21 受教育程度在行程策划中的差异性

行程策划	受教育程度	N	均值	sig	F	Tukey HSDa
研究生及以上	高中(2)	61	0.2645970	0.008*	4.537	(4)＜(2)＜(3)
	本科(3)	211	－0.0053284	0.135		
	研究生(4)	49	－0.3064514			

说明：＊表示有显著性差异。

4. 工作年限

尽管工作年限总体表现在对酒店服务与设施、导游能力与服务、行程策划方面有显著性差异，但在事后的两两比较中却没有发现两两之间存在显著性差异。

5. 参加身份

经销商对导游的能力与服务要求低于客户及其他身份参加者的要求，表现出显著性差异。

表 6－22 参加身份在导游服务中的差异性

导游能力服务	参加身份	N	均值	sig	F	Tukey HSDa
经销商	公司员工(1)	215	－0.0609084	0.172	4.192	(2)＜(3)＜(4)
	公司客户(3)	34	0.2862925	0.019*		
	其他人员(4)	55	0.2373612	0.018*		
	经销商(2)	17	－0.5702058			

说明：＊表示有显著性差异。

5. 行业类别

不同行业类别在行程各项服务影响因素中表现出较多的显著性差异，进一步的分析中发现：金融行业与医药保健品行业对导游服务的重要性认知上，前者高于后者；

在行程安排的丰富程度、时间的合理性方面，高校及科研机构认为的重要性要显著高于医药保健品行业，最后在主题晚宴的重要性上，保险行业却低于汽车制造行业认知的重要性。

但由于各行业样本量不是很均衡，故其差异性的检验结果存在模糊性，但总体上看，行业类别的不同致使奖励旅游者对行程不同项目的重要性看法的确存在差异，旅行社在策划产品时值得关注。

表 6－23 行业类别在服务各因素中的差异性

导游服务	性质	N	均值	sig	F	Tukey HSDa
金　融	医药保健(1)	5	－1.2138541	0.044*	2.227	(1)＜(5)
	金融(5)	38	.2379978			
行程安排	医药保健(1)	5	－1.1633E0	0.019*	2.329	(1)＜(7)
	高校科研(7)	45	.4030664			
主题晚宴	保险(2)	92	－1.1257E0	0.009*	2.938	(2)＜(4)
	汽车制造(4)	7	0.2510806			

说明：* 表示有显著性差异。

6. 企业性质

在进一步的两两多重比较中，发现外资独资企业认为导游的重要性与其他性质的企业相比，有显著性差异，低于国企等其他性质的企业；在交通服务上，民企其他性质的企业相比表现出了显著性差异，认为交通服务的舒适性很重要；在目的地欢迎程度上，中外合资性质的企业较民企、外资独资企业认为的重要性低。

7. 收入水平

月收入一项中只有收入水平在 10001～15000 这个水平上的旅游者在交通服务上表现出显著性差异，重要性认知要明显低于其他收入水平的；而酒店服务设施上尽管存在总体显著性差异，但在两两事后比较中却没有发现显著性差异。

表6-24 企业性质在导游服务中的差异性

导游服务	性质	N	均值	sig	F	Tukey HSDa
外资独资	国企(1)	107	7.263E-2	0.054	4.759	(3)<(4)<(5)
	民企(2)	55	-3.066E-1	0.959		
	中外合资(4)	85	1.310E-1	0.030*		
	其他(5)	40	3.223E-1	0.007*		
	外资独资(3)	33	-4.547E-1			
交通服务	国企(1)	107	-0.0695798		3.184	(2)>(1)>(3)>(4)
	外资独资(3)	33	-0.1951823	0.023*		
民企	中外合资(4)	85	-0.0930594	0.038*		
	其他(5)	40	-0.0347797	0.023*		
	民企(2)	55	0.4228522			
	国企(1)	107	0.0712575	0.171		
目的地欢迎度	外资独资(3)	33	0.3028290	0.252	3.305	(4)<(3)<(2)
	其他(5)	40	-0.2631399	0.076		
中外合资	民企(2)	55	0.2091460	0.999		
	中外合资(4)	85	-0.2196070	0.090		

说明：*表示有显著性差异。

表6-25 收入水平在交通服务中的差异性

交通服务	性质	N	均值	sig	F	Tukey HSDa
10001~15000	<5000(1)	116	0.0897636	0.005*	4.201	(3)<(5)<(1)
	5001~10000(2)	126	0.0021726	0.023*		
	15001~20000(4)	21	0.0007411	0.233		
	>20000(5)	22	0.4268283	0.002*		
	10001~15000(3)	36	-0.5581142			
	总共	320				

说明：*表示有显著性差异。

（四）小结

综上所述，不同人口统计变量的旅游者对行程中各服务影响因素的重要性认知不同，其中参加身份、行业类别及企业性质是使其在行程中的各项服务上表现出较多差异的变量；国企、民企性质的企业对导游的重要性较为关注，民企对交通的舒适性更关注，同时行业类别的不同使旅游者的消费需求也存在诸多差异，为奖励旅游团的个性化服务提供了借鉴。

四 奖励旅游者工作积极性影响

（一）不同类型旅游者旅游后对工作积极性的影响

为了验证不同类型的奖励旅游者参加旅游后，对工作积极性影响的差异性，将奖励旅游类型与对工作影响的七个项目进行了相关性分析和差异显著性检验，如表 6－26。

表 6－26 不同类型奖励旅游者与工作积极性相关性分析

		工作交流类	旅游观光类	体验尊贵类
更努力工作，继续争取下一次机会	Pearson Correlation	0.267**	0.077	0.184**
	Sig.（2－tailed）	0.000	0.171	0.001
	N	320	320	320
增加对公司的信心，不会轻易离开公司		0.287**	0.082	0.240**
		0.000	0.144	0.000
		320	320	320
更喜欢公司的企业文化		0.242**	0.116*	0.231**
		0.000	0.038	0.000
		320	320	320
更加满意自己的工作环境与职位		0.270**	0.039	0.261**
		0.000	0.483	0.000
		320	320	320
愿意付出努力协助公司成功		0.221**	0.046	0.313**
		0.000	0.408	0.000
		320	320	320
积极向同事讲述行程中的乐趣		0.285**	0.045	0.248**
		0.000	0.423	0.000
		320	320	320
鼓励同事一起争取旅游的机会		.251**	.083	.245**
		0.000	0.140	0.000
		320	320	320

说明：* 表示在 0.05 水平上显著；** 表示在 0.01 水平上显著。

从表 6－26 中可知，以工作交流为主要期望的旅游者类型中，参加奖励旅游后，在影响工作的七个观测变量中均呈现出较强的相关性，且在 0.01 水平上显著性差异；同样以体验尊贵为主要期望的旅游者类型对影响工作积极性的七个项目也表现出较强的相关性，且在 0.01 水平上显著性差异；而以旅游观光为主要期望的旅游者则与工作积极性的影响没有显著性相关，只在更喜欢公司的企业文化上在 0.05 水平上呈现出相关性。这表明抱着旅游观光期望的旅游者只是将奖励旅游作为一种活动，对工作积极性并没有显著的影响。

（二）奖励旅游者类型的差异性分析

1. 基于不同受调查群体内奖励旅游者类型的差异性

为了进一步分析来自不同群体的受调查者在奖励旅游者的类型上是否有显著性差异，笔者对受调查群体类型、旅游者类型两个变量进行了列联表分析及卡方检验，结果如下表 6－27。

表 6－27　受调查群体与奖励旅游者类型的交叉分析

旅行社			奖励旅游者类型			Total
			交流类	旅游观光类	体验类	
旅行社	中青	Count	0	3	7	10
		% within 旅行社	.0%	30.0%	70.0%	100.0%
		Adjusted Residual	－1.5	－.2	1.4	
	广之旅	Count	9	8	16	33
		% within 旅行社	27.3%	24.2%	48.5%	100.0%
		Adjusted Residual	1.4	－1.1	.0	
	信诚人寿	Count	15	26	41	82
		% within 旅行社	18.3%	31.7%	50.0%	100.0%
		Adjusted Residual	.0	－.3	.3	
	广东中旅	Count	8	32	20	60
		% within 旅行社	13.3%	53.3%	33.3%	100.0%
		Adjusted Residual	－1.1	3.7	－2.6	

续表

旅行社			奖励旅游者类型			Total
			交流类	旅游观光类	体验类	
旅行社	广东国旅	Count	8	14	41	63
		% within 旅行社	12.7%	22.2%	65.1%	100.0%
		Adjusted Residual	-1.3	-2.1	2.9	
	羊城之旅	Count	19	23	30	72
		% within 旅行社	26.4%	31.9%	41.7%	100.0%
		Adjusted Residual	2.0	-.2	-1.3	
Total		Count	59	106	155	320
		% within agent	18.4%	33.1%	48.4%	100.0%

从表 6-27 可知，广之旅、信诚人寿这两个受调查群体中，体验尊贵型的旅游者分别占到了其旅行社的 48.5%、50%；而旅游观光类的消费者分别占到了 24.2%、31.7%，均低于其他旅行社如广东中旅的 53.3%、羊城之旅的 31.9%；同时 X 旅行社、信诚人寿两群体中以工作交流为期望的消费者分别占到了各自的 27.3%和 18.3%，均高于广东中旅、广东国旅的 13.3%和 12.7%。值得提出的是在广东国旅的调查中，消费者体验尊贵型的比例也很

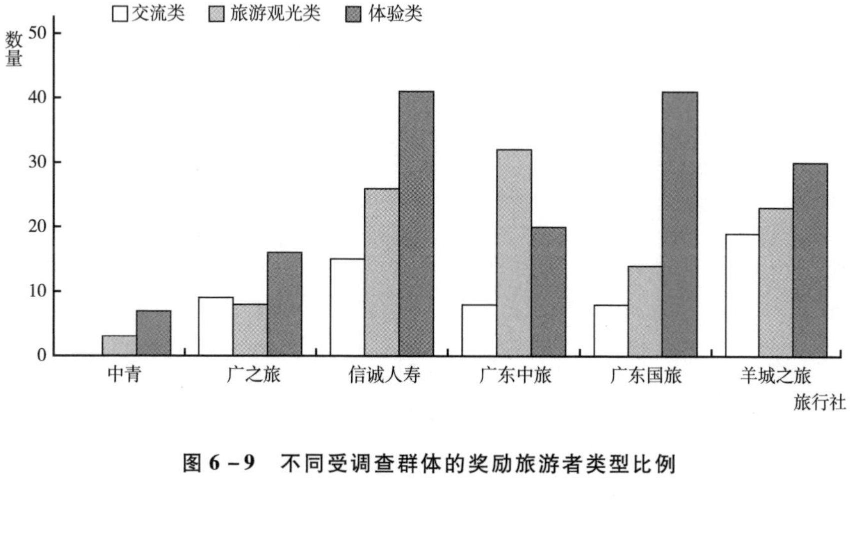

图 6-9　不同受调查群体的奖励旅游者类型比例

高，达到了65.1%；在后来的电话访谈中得知当时受调查的旅游团中以其他身份参与的比例较大，如企业高层的家属等。这一定程度上说明了体验尊贵型的比例偏高的原因。

为了进一步检验在不同受调查群体中奖励旅游者类型是否存在显著性差异，笔者接着进行了百分比同质性卡方检验，如表6－28。

表6－28　旅行社类型与旅游者类型的卡方检验

	Value	df	Asymp. Sig. (2 - sided)
Pearson Chi-Square	26.348[a]	10	0.003*
Likelihood Ratio	27.078	10	0.003*
Linear-by-Linear Association	.571	1	0.450
N of Valid Cases	320		

说明：＊表示有显著性差异。

由表中可知，x^2 值为26.348，自由度为10，P值为0.003（<0.05）已达到0.05水平显著。表明不同受调查群体在奖励旅游者的类型上确实存在显著性差异。

2. 基于企业购买方的奖励旅游者类型差异性分析

基于企业购买特征的奖励旅游类型可划分为三类：第一类是基于业绩型的奖励旅游；第二类是基于奖励性质的商务旅游；第三类是基于福利性质的奖励旅游。

在前期旅行社及企业访谈调查的基础上，笔者将此六个群体划为两大类：第一大类以中青旅广州会展、广之旅奖励旅游中心、信诚人寿为代表，共129份样本；从调查问卷的反馈中得知以基于业绩型的奖励旅游占绝对主体；另一大类以广东中旅、广东国旅、羊城之旅为代表，共191份样本；同样回收的问卷中以基于奖励性质的商务旅游及基于福利性质的奖励旅游为主体。

为了进一步分析其在奖励旅游者的类型上是否有显著性差异及

旅游后的工作影响如何，笔者接着进行了两个独立样本 T－检验，结果如下表所示，P＝0.02＜0.05，表明来自两大类不同调查群体的样本在参加奖励旅游的旅游观光期望上的确存在显著性差异，而在工作交流、体验尊贵的期望上没有显著性差异。

表 6－29 基于企业购买方类型的奖励旅游者期望差异分析

		Levene's Test for Equality of Variances 均值差异性检验				
		F	Sig	t	df	Sig.（2－tailed）
工作交流类	方差齐性	1.860	0.174	－1.456	318	0.146
旅游观光类	方差齐性	1.160	0.282	－2.345	318	0.020*
体验尊贵类	方差齐性	8.649	0.006	－0.775	318	0.439

说明：* 表示有显著性差异。

（三）不同企业购买类型的奖励旅游者工作积极性影响

1. 基于奖励性质的商务旅游与基于福利性质的奖励旅游者工作影响

在访谈中发现，不同性质的企业购买方，由于购买的动机不同，表现出不同类型的奖励旅游，如国有企业中目前以基于奖励性质的商务旅游与基于福利的奖励旅游两种为主。为了验证此两种类型的奖励旅游中旅游者旅游后对工作积极性的影响如何，通过对问卷进行筛选，将企业类型为国企的 107 个样本进行期望与工作积极性的相关性检验，结果如下表 6－30。

从表中可看出，基于奖励性质的商务旅游及基于福利性质的商务旅游中以体验尊贵为期望的旅游者旅游后在与工作积极性的七个项目中相关性均在 0.01 水平上呈显著性相关，只有继续努力工作、争取下一次机会与更喜欢公司的企业文化两项在 0.05 水平上相关；交流类旅游者的相关性次之；而旅游类观光者的几乎没有相关性，只有在更喜欢公司文化一项上在 0.05 水平上相关。

表6-30　企业购买中第二、第三类奖励旅游者的工作积极性影响

		工作交流类	旅游观光类	体验尊贵类
更努力工作，继续争取下一次机会	Pearson Correlation	0.295**	0.145	0.213*
	Sig.(2-tailed)	0.002	0.136	0.028
	N	107	107	107
增加对公司的信心，不会轻易离开公司		0.227*	0.185	0.318**
		0.018	0.057	0.001
		107	107	107
更喜欢公司的企业文化		0.182	0.237*	0.214*
		0.061	0.014	0.027
		107	107	107
更加满意自己的工作环境与职位		0.194*	0.115	0.268**
		0.046	0.238	0.005
		107	107	107
愿意付出努力协助公司成功		0.132	0.167	0.478**
		0.174	0.086	0.000
		107	107	107
积极向同事讲述行程中的乐趣		.192*	.054	.405**
		.047	.584	.000
		107	107	107
鼓励同事一起争取旅游的机会		0.160	0.149	0.404**
		0.099	0.126	0.000
		107	107	107

说明：* 表示相关性在0.05水平上显著（2-tailed）；** 表示相关性在0.01水平上显著（2-tailed）。

2. 基于业绩型的奖励旅游者工作积极性影响

同样，访谈中得知保险行业的奖励旅游以基于业绩型的奖励旅游为主，进一步选取行业类别为保险行业的92个样本进行了相关性检验，结果如下表6-31。

表 6-31　企业购买中第一类奖励旅游者的工作积极性影响

		工作交流类	旅游观光类	体验尊贵类
更努力工作，继续争取下一次机会	Pearson Correlation Sig.（2-tailed） N	0.237* 0.023 92	0.169 0.108 92	0.218* 0.037 92
增加对公司的信心，不会轻易离开公司		0.425** 0.000 92	0.185 0.077 92	0.347** 0.001 92
更喜欢公司的企业文化		0.378** 0.000 92	0.210* 0.044 92	0.416** 0.000 92
更加满意自己的工作环境与职位		0.373** 0.000 92	0.216* 0.039 92	0.401** 0.000 92
愿意付出努力协助公司成功		0.297** 0.004 92	0.169 0.107 92	0.405** 0.000 92
积极向同事讲述行程中的乐趣		0.293** 0.005 92	0.161 0.124 92	0.337** 0.001 92
鼓励同事一起争取旅游的机会		0.224* 0.032 92	0.205 0.050 92	0.323** 0.002 92

说明：* 表示相关性在 0.05 水平上显著（2-tailed）；** 表示相关性在 0.01 水平上显著（2-tailed）。

从表中可看出，基于业绩型的奖励旅游者中以工作交流及体验尊贵为期望的旅游后在工作积极性的七个项目上均呈强显著相关，基本都在 0.01 水平上相关，而以旅游观光类为主的参与者只在更喜欢公司的企业文化、更满意自己的工作环境与职位两个项目上在 0.05 水平上呈显著相关。

3. 基于企业购买目的的三种类型奖励旅游工作积极性相关性比较

为了更直观看到三种类型奖励旅游实施后对工作积极性的影响，

将基于业绩型的奖励旅游、基于奖励性质的商务旅游及基于福利型的奖励旅游分别作为两个独立样本，与工作积极性的七个项目进行相关性检验的结果与样本总体的相关性检验进行比较如下表 6 – 32。

表 6 – 32　基于企业购买方的奖励旅游与工作积极性相关性的比较

	工作交流类			旅游观光类			体验尊贵类		
	总体	一类	二、三类	总体	一类	二、三类	总体	一类	二、三类
		保险	国企		保险	国企		保险	国企
更努力工作继续争取下一次机会	0.267**	0.237*	0.295**	0.077	0.169	0.145	0.184**	0.218*	0.213*
增加对公司的信心不会轻易离开公司	0.287**	0.425**	0.227*	0.082	0.185	0.185	0.240**	0.347**	0.318**
更喜欢公司的企业文化	0.242**	0.378**	0.182	0.116*	0.210*	0.237*	0.231**	0.416**	0.214*
更加满意自己的工作环境与职位	0.270**	0.373**	0.194*	0.039	0.216*	0.115	0.261**	0.401**	0.268**
愿意付出努力协助公司成功	0.221**	0.297**	0.132	0.046	0.169	0.167	0.313**	0.405**	0.478**
积极向同事讲述行程中的乐趣	0.285**	0.293**	0.192*	0.045	0.161	0.054	0.248**	0.337**	0.405**
鼓励同事一起争取旅游的机会	0.251**	0.224*	0.160	0.083	0.205	0.149	0.245**	0.323**	0.404**

说明：* 表示相关性在 0.05 水平上显著（2 – tailed）；** 表示相关性在 0.01 水平上显著（2 – tailed）。

从表中可知，基于业绩型的奖励旅游（第一类）中以工作交流、体验尊贵为期望的旅游者与工作积极性的相关性普遍高于总体及其他第二类；以旅游观光为主要期望的旅游者与工作积极性的相关性与总体大致一致，相关性不高，只是在更喜欢公司的企业文化、更满意自己的工作环境与职位上略高于总体；而第二类、第三类的奖励旅游中，以体验尊贵为主要期望的参与者表现出较强的相关性，且也普遍高于总体，但在交流上却不及第一类的相关性强，同时以旅游观光为目的的旅游者相关性普遍差，只有在更喜欢公司的企业文化上表现出一定的相关性。这就说明无论是哪种类型的奖励旅游，单纯的旅游观光为主要期望的奖励旅游事后并不会产生积极的工作倾向，因其相关性很低。

五 小结

（1）奖励旅游者在旅游中的期望或利益寻求可分为三类：工作交流、旅游观光及体验尊贵；据此划分的三类奖励旅游者具有统计学上的显著性差异。

（2）影响奖励旅游者行程满意的因子有七个：导游能力与服务、酒店设施与服务、行程安排、交通服务、主题晚宴、行程策划及目的地欢迎度。

（3）人口统计变量中的学历影响其交流的期望，企业性质中的民企对旅游观光期望最低，而收入水平影响旅游者体尊贵的期望；在影响行程满意的人口统计变量中行业类别、企业性质及参加身份在各服务影响因子上表现出显著性差异，为奖励旅游团的个性化服务提供了依据。

（4）三种类型的奖励旅游者，尽管均认为导游的能力与服务重要，得分值也最高，但却没有显著性差异；而在酒店设施与服务、行程安排、行程策划、主题晚宴几个因子上表现出显著性差异，其中以行程策划差异最显著，体验尊贵型的旅游者要求最高，交流类要求最低。酒店设施与服务、行程策划的个性化程度及主题晚宴的地点、内容的新奇性是目前奖励旅游区别于常规旅游团的主要显性环节，尤其对体验尊贵为目的旅游者来说是彰显其地位与荣誉的主要方式，因此该类旅游者认为最关键，旅游观光类消费者则认为相对不重要。

（5）三种不同类型的奖励旅游者旅游后对工作积极性的影响不同。以工作交流、体验尊贵为期望的两类旅游者事后在工作积极性的七个项目中均呈现出较强的相关性，而旅游类参与者事后并没有显著的相关性。奖励旅游若能满足参与者工作交流、体验尊贵的期望，则对事后工作积极性有显著影响。这一点在基于业绩型的奖励旅游中表现最突出，而在基于奖励性质的商务旅游及基于福利性质的奖励旅游中体验尊贵的期望也很高，且相关性也高。表明不论是哪种类型的奖励旅游，若要激励起奖励旅游者的工作积极性，应在满足其尊贵体验及工作交流的期望上进行策划与服务，单纯的旅游观光并不能给事后的工作积极性带来显著影响。

（6）不同受调查群体接待的奖励旅游团在期望上存在显著性差异，以X旅行社、中青旅会展、信诚人寿为代表的第一类即以基于业绩型为主的奖励旅游团在以旅游观光为期望的旅游者的比例上与以广东中旅、广东国旅、广东羊城之旅为代表的二、三类即以基于奖励性质的商务旅游及基于福利性质的奖励旅游为主的奖励旅游团在旅游观光类旅游者的比例上有显著性差异，前者多以工作交流、体验尊贵的奖励旅游团为主，后者则以常规的旅游观光团为主，表明不同旅行社的经营运作模式与旅游者的期望类型有一定的联系。

（7）从企业购买方看，基于业绩型的奖励旅游与基于奖励性质的商务旅游和基于福利性质的奖励旅游两大类中，在旅游观光期望上差异显著，前者低于后者；且第一类在工作交流、体验尊贵方面与工作积极性的相关性要高于第二大类及总体。表明若要发挥奖励旅游激励功能的作用，带有奖励性质的商务旅游或基于全体员工参与的福利旅游在工作积极性的影响上不如第一类基于业绩型奖励旅游。

第七章 奖励旅游组织市场的特征与问题

第一节 不同类型奖励旅游组织市场的特征

作为组织服务市场的一种，奖励旅游需求、供给与消费各主体在市场中的行为特征、相互关系，形成了奖励旅游组织市场的基本特征，各市场主体之间呈现出如下关系：需求市场中三种不同类型的奖励旅游，在供给市场中表现出不同的购买行为、经营特征与影响因素；在消费市场中亦呈现出不同的期望与效果，展现了目前我国奖励旅游组织市场的客观现状，具体如表7-1。

表7-1 不同类型奖励旅游组织市场的整合特征

类型	需求市场				供给市场				消费市场			
		高	中	低		高	中	低		高	中	低
基于业绩型奖励旅游	政策影响			V	买方参与度	V			工作交流	V		
	同行顾虑			V	信息知晓度	V			旅游观光			V
	需求制度化	V			交易主体关系稳定性			V	体验尊贵	V		
	收益关注度	V			创新能力影响	V			工作积极性影响	V		

续表

类型	需求市场				供给市场				消费市场			
基于奖励性质的商务旅游		高	中	低		高	中	低		高	中	低
	政策影响	V			买方参与度		V		工作交流			V
	同行顾虑	V			信息知晓度			V	旅游观光	V		
	需求制度化			V	交易主体关系稳定性			V	体验尊贵			V
	收益关注度			V	创新能力影响			V	工作积极性影响			V
基于福利型奖励旅游		高	中	低		高	中	低		高	中	低
	政策影响		V		买方参与度			V	工作交流			V
	同行顾虑		V		信息知晓度			V	旅游观光	V		
	需求制度化		V		交易主体关系稳定性			V	体验尊贵			V
	收益关注度			V	创新能力影响			V	工作积极性影响			V

第二节　现阶段奖励旅游组织市场的“突出问题”

奖励旅游组织市场的行为特征构成了市场中错综复杂的关系，同时也外生了很多交易主体本身无法控制的制约性因素；需求市场、供给市场及消费市场呈现出一些“突出问题”，成为现阶段我国奖励旅游发展中需要解决的首要问题和市场培育中的关键环节，否则将影响整个市场的健康发展。

一　需求的阶段性与不确定性

目前企业购买奖励旅游在中国呈现出明显的阶段性特征：①自

发性阶段：此阶段的企业购买多是出于效仿心理或试试看的心态，对旅游带给企业的效果关注度不高，与常规团的要求相似，组织的购买流程及对中间商、供应商的选择也相对简单，需求处于一种自发状态，形式上多以第二、三类为主。②经验性阶段：此阶段是有了一定经验的奖励旅游购买者，对旅游效果的关注度增强，将旅游作为一种福利手段的创新，愿意积极推广，同时根据自己的经验选择中间商与供应商，个性化要求加强，形式上一、二、三类并存。③制度化阶段：此阶段完全是将旅游作为一种企业的管理方式，特别关注其激励效果的发挥，将购买作为一种企业的制度执行，完全的个性化要求，对各类服务供应商的要求更专业化，形式上以第一类占主体。

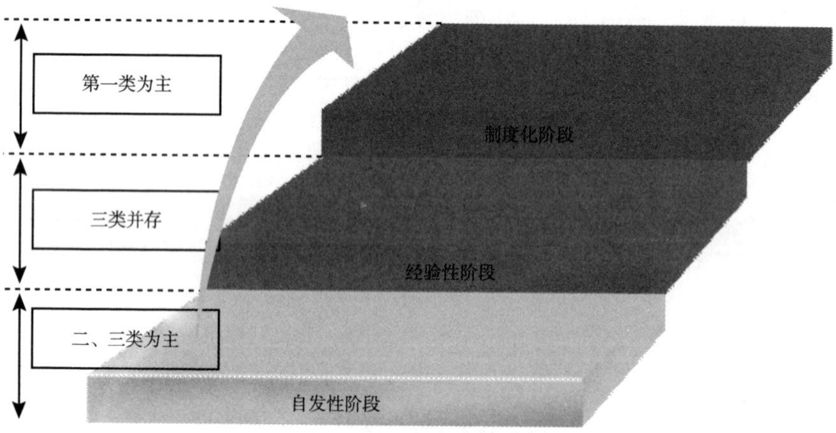

图 7－1　奖励旅游市场需求阶段示意

需求的阶段性和不确定性使之在规模、产业影响上还难以形成一种产业形态所具备的规模与市场效应，尽管在外资及中外合资企业中奖励旅游的使用成熟且相对规范，但这些企业毕竟不是国民经济的主体力量，国企、民企对奖励旅游需求的朦胧性，很大程度上抑制了供应方的市场开发，市场是一个需要培育的过程。

二　供给市场的不规范与机会主义

（一）供给主体进入壁垒低

受我国旅行社长期以来水平分工体系的影响，奖励旅游供给市场的进入性壁垒很低。原因有三个方面：一是作为供给主体的旅行社固定资产的专用性不强，作为一种中介组织不需要很高的沉淀资本；二是对奖励旅游产品高端性、定制化认知不足，产品垄断性不强，极易模仿；三是在没有规制和在位旅行社设置进入壁垒的情况下，奖励旅游产品的供给几乎是一个完全可竞争性市场，以经营“奖励旅游产品”自居的旅行社充斥市场。

广州旅游市场百花齐放，广州市场的团队毛利还不如佛山和东莞。广州更开放，管理的约束少，能做与不能做都需要法规的，而立法又滞后。旅游业门槛比较低，如果门槛高的话，就需要一定的能力才能做得赢，门槛低的话，进来之后百花齐放，好的差的都有，旅游主管部门不光管旅行社，还要管景区、饭店，面太多了，不好管，还是集中点好。旅游政府部门没有太多精力介入，需要依靠行业管理部门介入。(TYCZL05－1)

（二）恶性竞争与行业不规范

一直以来我国旅行社市场中存在的恶性竞争情况同样制约着奖励旅游的经营与发展，主要反映在低价竞争上，这对奖励旅游需求还不成熟的市场来说大大降低了购买方的期望收益及对行业的认知度。一位旅行社会奖负责人曾讲道：

我们很头痛的一个问题是奖励旅游招标中同行的低价问题，只要是招标利润就高不了，同行将价格降得很低，缺乏维护行业总体利润的精神。比如我们有一次去现场投标，共四家旅行社，其中有一家的车价报得很低，我们就问为什么？他们说是因为和目的地有关系，可以拿到这个价，那其他三家就说，那你做好了，我们就在原价的基础上都降低 100 元，由原来的 4680 元降为 4580 元，你也写高点可以多赚些，但最后那家旅行社还是报低了 400 元，以 4180 元中标的，这样的价格最多是持平，根本就没有什么利润了。（TGL02－1）

在企业购买方与旅行社之间，招标过程中也存在着严重的不规范现象，如招标企业不合道义、标书不合格、迟到不取消等现象普遍存在。同样一位旅行社会奖负责人说：

尽管现在很多单位都要求投标，但也是做虚的，本身有很多不规范的东西，投标只是走过场的，有的开标也不公开。旅行社的产品是没有产权保护的，我们在策划标书时是要将具体的酒店的房间、餐厅、参考协议价等都公开的，结果没有中标，但提供的这些信息就被其他投标商用了；这就透漏了我们的商业机密，但目前法律在这方面还没有保护；还有就是不中标时招标方也没有正式的反馈。（TGQL06－1）

目前还没有太大的差别，有些比常规的旅游团还要低。按理应该高一些，但经过投标就不会很高，投标旅行社多，竞标时价格就会低下来。因为如何讲？正因为奖励旅游没有形成规范的东西，让旅行社真正体现的还不是服务而是价格方面，所有购买单位强调的最重要的也是价格，所以就变成了比常规团还低。（TGKHL07－1）

（三）机会主义问题大量存在

奖励旅游供应链中存在着大量的委托代理关系，信息不对称的客观存在增加了代理方的机会主义倾向及损害其他企业利益的机会。如果旅游业机会主义行为盛行，而相应的制度规范不健全，势必导致旅游企业间的合作和交易量的锐减，从而影响奖励旅游的正常运营。

对企业购买方与旅行社之间，作为代理方的旅行社机会主义行为主要表现在：减少服务项目，增加自费项目，降低服务水准等。

对旅游供应商与旅行社之间，作为代理方供应商的酒店、航空公司、景点等则表现在：提高价格，减少服务项目、损害中间商利益直接与企业购买方交易等。

对于旅游供应商、旅游中间商与奖励旅游者之间，信息不对称现象更为严重，一位资深的奖励旅游团导游曾这样说：

> 我们是绝对不会让客人知道价格的，若是问我们也是会尽量往高处说，他们希望听到这样的结果，恨不得公司为他们贴金贴银呢！（GJ04 – F）

由于旅行社与各分供应商之间不存在绝对的强势、弱势主体，因此道德风险可能会以不同形式发生在不同利益主体身上，而任何主体都非道德风险行为的绝对受益者，从长期来看，道德风险行为的收益一般小于成本，“多输局面”是自然结果。（郭鲁芳、徐云松，2008）

奖励旅游供给市场的上述特征如产品无产权保护、模仿成本低；经营环境不规范、机会主义问题大量存在等，极大影响了供给主体的创新动机，难以满足购买方不断更新的个性化需求。

旅行社要发展会奖旅游的话，一定要走产品、服务创新这块，就看旅行社对其扶持力度如何，是个长跑项目，一开始投入需要很多，只要出来了就是一个拳头产品，但目前大家对这方面的认识还不足，都还有点投机的心理。(TGKHL07－1)

三　消费主体参与度不高

奖励旅游者在行程策划到成行的整个过程中参与度不高或表现出完全不参与的状态。

目前国内大部分企业还没有独立的旅游部门经营策划奖励旅游，而是依托在行政、市场销售、人力资源及工会等部门进行管理，通常是某个岗位的人员负责，因此在了解奖励旅游者的需求、沟通上就不够细致与充分。在调查中发现，奖励旅游者在此方面的参与意识也不强并且认为并没有因为不参与而影响其行程中的感受。

行程通常都是公司自己定的，我们没有广泛参与，不参与公司的旅游出行前的决策，不会因为目的地重复而降低感受，只是一种氛围，一种文化，公司做了这么多次了，基本上还行，主要是能结合当地特色来设计行程。(VCH17－M)

员工不参与决策，这个层面员工还不需要，做了负面东西较多，其实地点的选择是个因素，但有些员工并不太注重地点——只在于过程了。当然除非是深度游，但这种观光游没有多少地方不同了。(VCH11－M)

这方面与国外奖励旅游表现出不同：国外奖励旅游者在最初的

目的地选择、信息沟通方式选择、公司成本控制的政策制订及行程后的反馈等方面都表现出较强的参与度，信息知晓需求高。而国内奖励旅游者在整个行程中的信息不对称程度较大，这种不对称可来自企业、中间商及供应商三方中的任何一方，消费者处于信息盲点状态。

第三节　奖励旅游市场的“庸俗化”倾向

从奖励旅游的产生看，本质上讲应是一种“高端市场”，无论是从购买方的动机还是供给方经营的专业化、复杂化程度及旅游者的期望上看都证明了这一点；但目前在我国奖励旅游市场发育不成熟的现实下，出现了“庸俗化”倾向，具体表现在以下几个方面。

一　需求方对供给市场整体印象差，低层次交易

长期以来，我国旅行社市场在消费市场上的形象普遍较差，一方面是由于市场不能正常淘汰假冒及劣质旅游产品（田喜洲、王渤，2003）；另一方面旅游产品的无形性特点决定了旅行社有更多的机会行为，如向消费者提供低于双方合同规定的产品等，导致了购买方对旅游产品市场的总体印象差，会给整体旅游产品以较低的价格定位或只愿意以低价购买旅游产品。这一点，旅行社自身也深有体会：

> 我们旅行社行业社会地位太低，有一种骗子的形象，报道旅行社的负面形象的太多……（GJ01 – M）

在购买具体的奖励旅游产品时，虽然企业已表现出较高的参与度、信息知晓度，但信息不对称的现象依然是一种客观存在，企业收集具体信息的成本过高导致不可能对具体产品的信息完全知晓，此时购买方只能依赖于对总体市场的感知，按平均质量给出一个较低的平均价格，即使在第一类的奖励旅游中其平均利润也只为6%～8%，另外两类甚至低于常规旅游团，还处于较低的交易水平下。

二　供给方创新动力不足，降低需求层次

供给主体旅行社受自身变革阻力影响、外界经营环境不规范及购买方总体感知印象差的多重影响，创新面临很大的风险。因此在供需双方博弈的过程中，多数旅行社都不愿意付出“昂贵的成本”去培育市场，结果是高质量产品减少，供求处在较低层次交易，利润不高，效率低下。

而奖励旅游作为一种非必需品，与供给之间存在挫折——倒退机制，需求会根据供给的质量、效果自动做出调整；当需求层次上升时，而相应层次上的奖励旅游产品还不存在或不完善时，需求方就会退而追求下一层次的产品或转向其他替代品，获得有限满足，陷入低层次交易的“心安理得”状态，要使供求在较高水平上交易，避免奖励旅游“庸俗化”现象的产生，就必须打破这种恶性循环，达到高层次平衡，具体过程如图7－2。

三　消费主体期望的演进性，决定了产品效应衰减的必然性

奖励旅游者的期望是随着个人感知而不断演进变化的，随着需求层次的整体提高和新的可替代旅游产品的出现，原来具有高期望值的产品将逐渐蜕变成低期望产品，激励效用也将逐步衰减，本质

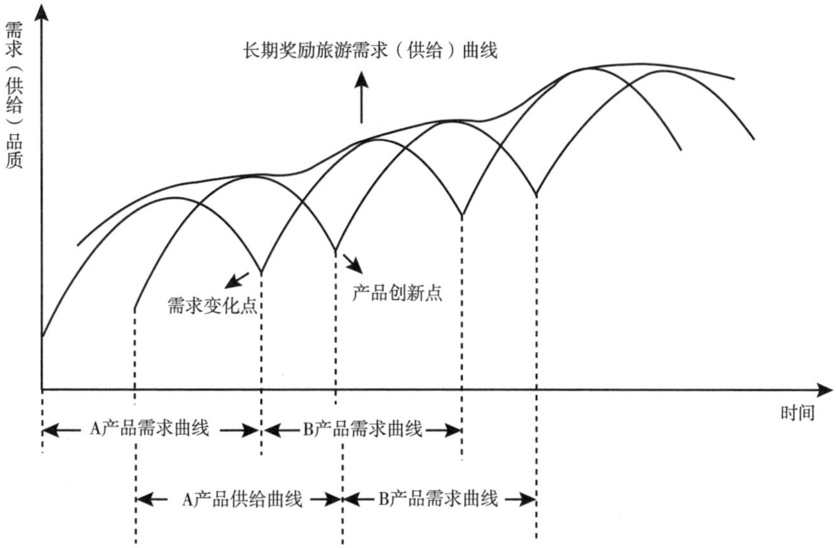

图 7－2 奖励旅游供需关系示意

资料来源：刘少湃、蓝星《奖励旅游生命周期模型的构建》，《商业研究》2007 年第 11 期，第 155～159 页。

上要求奖励旅游供给方要不断创新，跟踪期望的变化。

在奖励旅游者的行为特征分析中发现，奖励旅游者的期望主要体现在工作交流与体验尊贵上，能体现尊贵的各服务要素如购物、酒店设施标准、主题晚宴的策划等都是旅游者最“在意”的环节。体验尊贵是一种社会现象，不是自动授予的而是需要从其他人的认可中得到的，是一种非常个人化与情境化的体验。

Riley（1995）曾分析了值得荣耀的旅游行为可通过以下几种途径实现：①访问远距离或垄断性强的旅游目的地或是与自己居住地气候、地理条件等相差甚远的目的地，这种行为被认为是值得荣耀的，表现在早期人们通常会以晒得棕色的皮肤或穿着具有海滩热带风情的服饰而感到荣耀；②加入目的地独特的社会活动中与之互动，得到当地居民的认可被认为是一种荣耀的行为；③在旅行中使用了少有的或专业化的知识和技能来满足自己的利益，而对这种知识或技能的占有就使其有优于其他旅游者的体验。

就目前我国奖励旅游市场的现状看，销售人员占主体，突出消费者的贵族体验，让其感受到一种“王的感受”是主要特征。

访谈中一位消费者曾这样说：

> 把我们当作一般的高级团去接待就错了，像是在走流程，就错了。感觉没有用心在做，我们每天都是卖方，找别人，有点求的感觉；当自己做买方的时候要有更高的需求了，要体现我们的价值。(VHU13 - M)

同样，一位旅行社会奖策划人也谈到了这样一件事：

> 安利通常是找台湾或香港的旅行社来做他们的奖励旅游，有次是一万多人去澳洲的，澳航、南航肯定走不完，肯定要转机的，就在新加坡、马来西亚转机时，特意安排了机场工作人员专门在禁区内为旅游者服务，给所有的人在麦当劳门口买券，又怕他们不懂英语，专门有人为其翻译。这方面安利是做得最人性化的，客人的体验达到了极点。(GJ01 - M)

Riley（1995）同时也指出荣耀的认可并不一定和某一景点或目的地有关，更重要的是旅游者感觉到的被认可的态度。对于平时日常生活中社会地位不高的人，在目的地被捧得像皇族式的服务可能更增加其尊贵的体验；而对于平时社会地位较高的人，行程中走向“消极”即不过分炫耀，参加社区有意义的活动被认为是一种值得尊敬的行为。

事实上，目前国内大部分的奖励旅游团还是将常规团包装成精细化旅游团往高端方向走，往细节方面重视，对消费者体验方面的关注还有很大差距。无论是企业购买方还是供给方都没有将消费者期望与体验作为关注的重点，这一点在第二、三类型的奖励旅游中表现得更为明显。

综上所述，三方面的原因导致我国目前奖励旅游市场的低层次交易及“庸俗化倾向”的出现。

第八章 中西方奖励旅游发展对比与市场培育

第一节 中西方奖励旅游发展对比分析

一 旅游福利化进程不同，对奖励旅游的价值认知存在差异

西方社会旅游福利化进程是在工业化背景下逐渐完善和发展起来的。19 世纪初期的休闲改革运动中一些社会改革家认识到，休闲是工人恢复体力、调整心态，以重新投入工作的唯一积极途径，为了使工人阶层在“有尊严的休闲”中变得更加文雅，改善他们的健康和福利，并与工作环境相协调。他们主张理性消费反对不良休闲行为和无规则的即兴游戏，如酗酒、卖淫等；同时随着城市工业化进程的推进都市生活拥挤、混乱等现象蔓延加剧，人们需要到良好的环境中去休养。

在这种背景下，政府增加了对商业休闲设施的供给，出台了一系列法案，促进了休闲的发展（Timothy，D J，2005）。之后随着通信、交通等科技的发展，当大规模、远距离的旅游成为可能时，“旅游作为人类的一项基本休闲权”的认知有了广泛的社会基础。

1936 年法国最早确立了带薪休假制度，其他国家也相继在“二战”后的福利制度改革中建立了带薪休假制度（范业正，2010）。目前西方发达国家的旅游业已越来越体现其社会福利性质，旅游业的作用已超越了发展经济带动就业的层面，而达到了将大力发展旅游业当作提高国民福利的重要内容的层面，通过旅游业的高度发达来展现其高品质的国民生活和社会福祉。

表 8－1　部分发达国家保障国民旅游权力的措施

国家机构	措施	特点
瑞士旅行金库（REKA）（20 世纪 30 年代）	(1)发行旅行支票,大幅度降低旅行费用; (2)免费提供各种旅游信息; (3)经营数百家低价住宿设施,鼓励低收入群体的入住,依使用者的收入水平,会予以 10% ~ 15% 的折扣优惠; (4)对于特困家庭,REKA 会邀请这些家庭免费利用 REKA 的各种设施。	政策型
日本观光审议委员会福利旅游研究会(1955)	(1)建立“国民旅游村”等各种旅游设施; (2)对学生的修学旅行经费予以支援。	设施型
法国旅游券制度(1982)	(1)旅游券受惠人以公积金形式将工资的 2% ~ 20% 存入旅游券公积金账户内,存期至少为 4 个月以上。旅游券受惠人可使用的旅游券金额取决于其所交公积金的多少,同时雇主要负担其使用旅游券的 20% ~80% 的费用; (2)建立社会福利性质的度假村和露营中心。	政策设施型

资料来源：李祗辉《福利旅游概念内涵与研究述评》，《江苏商论》2009 年第 3 期，第 83 ~ 85 页。

在此种背景下，人们对奖励旅游的价值有较高的认识，甚至认为是促进生产力发展的重要方式之一，因为“旅游可以使人们获得更多的幸福感，保持内心的安宁”，可以更好地提高生产者的素质，从而“以人的方式发展生产力”（马惠娣，2004）。因此，奖励旅游组织市场的需求成熟，使用范围不断扩大，使用对象更加广泛，收到了良好的社会效益。

根据 SITE 调查，公司投入奖励旅游的花费，每 1 美元可获得 125 美元的收益；若取消奖励旅游，业绩可能下降 28%。①

另据美国旅行协会 2008 年的调查，即使在全球经济不景气时期，仍有 72% 的企业领导者认为会通过增加旅游预算来提升市场竞争力及培育新客户关系；53% 的领导者认为降低旅行开支等于给竞争者增加优势。②

我国奖励旅游的发展离不开旅游业发展的大环境。中国社会自古以来崇尚勤奋劳作，尤其是近代以来，面临着实现现代化的繁重任务，在社会意识中，为民族崛起而勤奋工作理应受到褒扬，而休闲、旅游等非生产性活动则长期受到有意无意的压抑（宋振春，2006）。改革开放以后，旅游业迎来了大发展的时机，但我国旅游业是一种超常规发展的道路，即“入境旅游是一种显性发展得到政府的大力支持，而国内旅游是一种隐性发展，出境旅游则是一种限制发展的方针”，之所以如此是因为旅游业是经济性产业的战略定位是国内各级政府发展旅游业的指导思想。

在这种情况下，旅游在促进人际交流、提升公民文化素质等方面的功能没有得到充分认识；到了 20 世纪 90 年代后，中国社会对旅游休闲是人类基本权利的认识有所改变，出现了双休日、黄金周、带薪休假等制度；进入 21 世纪，随着中国经济的持续快速增长及居民生活水平的提高，旅游已经不再是一个偶然性奢侈消费，

① 资料来源：http：//www. siteglobal. com/Foundation/SiteIndex. aspx. 2011 -06 -23。

② Coporate Travel Cuts May Hurt Business Recovery http：//maureenogara. sys - con. com/node/875667/mobile. 2011 -4 -15.

已经渐渐变成为国民经常性的消费。

尽管如此，奖励旅游作为一种组织购买行为，在“公费旅游”“官方旅游”带来的一系列负面影响下，企业在使用时除了考虑成本、经济等因素外，对社会影响、同行看法很在意，特别是在国企中更受到先天性制约。因此，对于奖励旅游能给企业带来何种价值，有何收益，对企业员工又有何作用，作为购买方还处于较朦胧的状态。

二　旅游市场成熟度不同，会奖产业链中介组织的发育程度不同

旅游市场成熟的标志之一就是市场分工体系明晰，交易成本降低，市场交换效率高。而承担这个功能的正是中介组织，匹配供应者和消费者，帮助交易的完成和简化制度上的程序（王彦伟、傅泽田，2005）。奖励旅游作为一种“事件旅游”，是一种高度涵盖了信息流和信息处理的产品，对购买方来讲是一种“信心商品”，信息的流动和传播成为买卖双方交易的重要环节。中介组织的存在一方面大大降低了购买方的搜寻成本，另一方面也为供应商营销提供了便利，使双方受益，因此得以在社会分工中分化出来独立存在。

自1895年，世界第一个会议目的地和会议场馆的营销组织“底特律会议商人联盟”（Detroit Covention and Business’s League）成立（Ford，R C and Peeper，W C，2007），至今经历了一个多世纪的发展，中介组织在西方会奖产业链中发育完善且承担着重要功能。

按照罗布·戴维森等（2008）的分类已形成了分别代表供应商、代表购买者的中介组织，具体功能如表8－2。

表 8－2 国外会奖产业链中介组织

代表供应商	组成	功能	特征、资金来源
目的地营销组织(DMO)	三个层面:全国性旅游当局(NTA)或全国性旅游组织(NTO);区域性、州级或地方性	整体营销目的地	三个层面多是政府门或政府机构负责,资金来源主体是公共部门;随层次降低,公私合营比例增加
会议旅游局(CVB)	可以在任何一个层面实现:国家、区域、镇及城市	统一其负责区域内运作的各个供应商的营销活动,使所有供应商在一系列独立的营销项目中彼此协调	公共部门资助 酒店短期占用税会费 其他商业联合活动的成员资助
代表购买者	组成	功能	资金来源
专业会议组织者(PCO)	独立运作的会议策划者,以咨询顾问的方式工作,由协会和公司临时雇用	提供全面服务,会议及奖励旅游整个流程的策划、服务协调等	会议安排收取的佣金 向服务对象收取费用
目的地管理公司(DMC)	目的地接待机构或专门从事商务旅游的经营者,很多属于专业协会,也有独立运作的,是当地服务的主要承包人	组织会前会后游览,提供交通服务,贵宾礼仪,安排娱乐活动等	向服务对象收取费用

资料来源：罗布·戴维森、托尼·罗杰斯《节事目的地与场馆营销》，宋哲敏、关旭译，格致出版社、上海人民出版社，2008。

产业链中发育完善的中介组织，不仅降低了双方的交易成本和信息不对称，而且规范了市场环境，形成了利益分配的协调机制，如共同出资整合营销、维护行业整体形象；供应方与购买方共同遵守商业道德，保护中介组织的利益；促使供应方有精力积极地投入到产品创新与技术变革中，推动行业整体进步与发展。

目前我国会奖产业链中介组织尚未形成，多数交易是购买方自行执行，从方案策划、目的地选择甚至是行程中各分供应商的采购都亲自进行，作为唯一中间商的旅行社完全处于附属地位，机会主义问题的大量存在，造成了中间商与购买方、与各分供应商之间的信任与合作关系飘摇不定，这样的交换结果必然是市场效率低下。

市场的存在与发展是进行分工的前提条件，没有足够大规模的市场，专业化经营就不能进行下去，而避免加入激烈的市场竞争、提高企业的市场竞争能力则是分工得以深化的直接原因。（李宏，2001）

三 政府干预程度与职责定位不同

从国际上看，政府介入会奖业的发展是一条高效之路。Bauer T G 等（2001）强调了政府介入在澳大利亚 MICE 产业发展中的作用主要包括以下方面：①基础设施建设如会议中心、展馆等；②对国家旅游协会、会议旅游局等组织的资助；③支持研究与统计计划；④对会奖商务团的奖励与资助；⑤大力支持营销计划与活动推广；⑥教育培训计划；⑦海关、签证等方面的规制；⑧商业许可、食品卫生安全、环境保护等；⑨税收政策优惠等。

事实上，政府的宏观管理、鼓励投资、税收优惠、提供培训支持、协助市场推广及制订规范在很多国家的 MICE 产业发展中起到积极的作用，除了澳大利亚外，德国、美国、法国、日本、新加坡、泰国及我国的香港地区都对商务会奖业的发展采取了法律、经济、政治方面的相应措施，政府在 MICE 产业的发展中起着重要的指导、协调、服务作用。（王红、颜淑荣，2011；杨国川、杨国妹，2009）

只是不同于MICE中的其他部分，奖励旅游不需要大型的基础设施的投入，更需要一些政策等方面的鼓励措施，但作为一种组织购买行为，因参加的成员费用多是由各企业支付的，而且多是社会中的中高阶层，在费用方面及遇到困难时不能引起政府足够的“政治同情”，且这个产业也被看作是一种“炫耀”性的产业，不能产生同情。（Bauer，T. G.，Lambert，J. and Hutchison，J.，2001）

这一点在我国奖励旅游的发展中表现得更为突出，可以说目前我国政府在奖励旅游的发展中是缺位的。近几年北京、上海等地在着力打造商务会奖目的地，并将高端会奖旅游产品的培育作为未来的发展战略，随着中国（北京）国际商务会奖展（CIBTM）、上海奖励旅游及大会博览会（IT&EM）的举办及北京成为2012年国际奖励旅游经理人协会（SITE）年会举办地等事件的进行，显示了政府已开始对此方面加以重视，并且实施了对旅行社组织国外高端商务会奖团队的奖励措施①，但目前还没有明确的指导方针与规划。

四　行业管理组织的完善程度与力量不同

行业管理组织是处于制度规范制订主体的政府与市场交易主体之间的一种中介组织，承担着“社会沟通”的功能，它源自市场，比政府了解市场，同时代表行业的整体利益，比市场更理解政府，兼具市场与政府的部分特性，成为信息中心和市场经济发展中重要的调节力量。（熊元斌，2008）

---

① 北京市旅游局出台了《2009年北京海外旅游市场开发奖励办法》，设立1000万元奖励资金，鼓励企业拓展国外高端会奖旅游市场。根据该《办法》，2009年1月1日至12月31日前，凡在京注册的旅游企业邀请重要的国外旅游开发商、一级客源国（地区）主流媒体记者、旅行商到京考察，可以向北京市旅游局提前两个月申报项目，经核准，将酌情给予在北京地面接待费用减免等奖励。

纵观美国之所以一直高居全球奖励旅游需求与供应的首位，与其独立成熟的行业组织有很大的关系，如1973年成立的SITE（国际奖励旅游经理人协会），目前已是全球性的组织，2100名成员中来自美国的占多数，在发布行业信息、促进交流等方面起到了重要作用；另有奖励行为协会（Incentive Federation）和奖励行为研究基金会（Incentive Research Foundation），前者主要游说美国相关政府部门为企业奖励行为争取更多的政策支持；后者主要赞助和支持有关企业在奖励手段的应用效率、投资回报率等方面的专项调研。独立的行业组织在促进交流与培训、反映前瞻信息与引导行业健康良性发展方面起到了重要作用。（张婧，2010）

在2008年金融危机时期为了支持奖励旅游产业，美国旅行社协会联合SITE共同发出呼吁，提出政府可通过如下规则来规范企业奖励旅游的运用而不是绝对的限制奖励旅游的市场需求：①企业超过75000美元的节事活动需要一份清晰的有具体目的与效果的书面报告；②参加活动的企业成员中至少有90%的员工不是资深经理级的成员；③所有用于节事（会议、活动、奖励项目）的年度开支不超过公司总市场营销开支的15%。[①]

目前我国奖励旅游市场的行业管理组织处于缺失状态。其结果：①行业公信息力不足，企业的自律性差，无行业规范、标准可依，供需双方之间的信息严重不对称，奖励旅游产品“庸俗化”倾向无法得到抑制；②无从在政府与市场之间建立起沟通渠道，对政府发展奖励旅游的决策提供参考；也不能在市场实施政府的公共政策时提供协助；③不能代表企业反映行业的整体诉求，影响政府的决策；④不能提供服务，如行业统计信息、咨询、人

① http：//www.siteglobal.com/GoogleSearchResults/tabid/186/Default.aspx？Search = Corporate + Standar. 2010-10-25.

才培训等。

旅游行业管理组织的发育不完善与我国一直以来的政府主导型旅游发展战略有关。政府主导型旅游发展战略在资源配置、外部性及公共设施方面起到重要作用，但一定程度上也造成了旅游主管部门缺乏专业管理体系、职能部门管理方式落后，行业管理组织生存空间受到影响的现实。(阙丽萍、陈兴祖，2002)

五　各市场主体的专业化程度不同，期望收益不同

从企业购买方看，西方发达国家奖励旅游的使用者不仅目的明确，而且有完善的衡量体系，从对投资收益率的关注 ROI (Return on Investment) 到对项目收益率的关注 ROO (Return On Objective)，衡量指标丰富具体，有传统的财务指标、达到业绩的合格者的人数变化、参加项目的人员的友情变化、与公司 VIP 沟通的质量、雇员满意度、忠诚度的提高、客户的满意度提高等指标。

除了目的明确外，购买方对奖励旅游运行方式的有效性也更加关注，对产业 (Motivational Events Industry) 发展前景有更深层次的思考：①如何在给定的 ROI 或 ROO 指标下，设计效果更好的项目？②如何向组织的利益相关者解释奖励旅游项目的有效性？③如何看待奖励旅游项目实行的积极与消极影响？④如何在公司高绩效项目与低绩效项目之间分配预算？⑤如何保证评选标准的科学性？⑥如何保证奖励旅游产品的创新性？⑦如何在奖励旅游中实现企业的社会责任等等。[①]

---

① http：//www.siteglobal.com/GoogleSearchResults/tabid/186/Default.aspx？Search = SITE + index + ROI - ROO. 2011 - 02 - 24.

从奖励旅游供应方看，西方发达国家分工体系完善，从全方位奖励营销公司（Full service incentive marketing company）、提供全套奖励旅游服务的公司（Incentive House）、提供有限奖励旅游服务的公司（Incentive travel fulfillment）、旅行社分支机构提供奖励旅游服务（Travel agencies with an incentive division）到旅游零售代理商（Retail travel agencies）共五个层次，旅行社并非奖励旅游供应方的主体。

供给方的专业化运作程度高，在企业成本预算的控制、奖励方案的制定、目的地选择、营销策划等环节全面介入购买方的运作，真正成为企业购买旅游的“管家”。同时产品科技含量高，无论是项目管理、与客户沟通渠道及产品策划方面都有较高的科技成分，与电信、金融等部门的融合程度高，为购买方提供超越时间与空间服务的潜力大。

从终端消费奖励旅游者看，西方国家的奖励旅游者参与意识强，对配偶能否参与、目的地选择的新奇性、目的地环境的安全性、公司的预算政策、行程中的沟通方式、政策的灵活性等方面都显示出了较强的参与意识与知晓需求；同时对奖励旅游消费来自于自己通过努力为公司带来的额外利润这一点有清晰的认识，对个性化的服务与体验要求更高。

西方奖励旅游者的期望收益已向多元化发展，已不仅是以显示地位与声望为主，奖励旅游者开始注重节约，开始考虑如何使钱花得值得；对炫耀性消费给目的地社区带来的消极影响开始关注，对公众形象开始反思，正因为如此，奖励旅游者以能参与到当地社区中体现社会责任的活动为荣；同时与自然环境相协调的探险、生态旅游受到青睐。

纵观我国奖励旅游市场主体无论是在专业化运作及期望收益上都存在诸多不同：

（1）企业购买方使用目的不明确，无细致的收益衡量标准，对奖励旅游者的期望收益关注不高，事后的衡量只是对组织策划者的评价，即使在基于业绩型的奖励旅游中多数也无明确的衡量标准，认为奖励旅游者不需要参与前期的策划。

（2）作为供给方整体市场专业分工体系不成熟，专业型公司尚不能成为市场的主体；而作为主体的旅行社又面临着在产业链中介组织不健全、行业管理组织缺失的市场环境下，创新动力不足等导致的专业化程度低，产品附加值低的客观现实。

（3）奖励旅游者参与意识不强，认为完全是组织的购买行为，不需要参与，整个行程只要组织安排好就行了。同时，在期望收益方面现阶段还主要体现在工作交流与体验尊贵上，对炫耀性服务与消费具有较高的期望，而对活动的社会影响关注较低。

第二节 我国奖励旅游的市场培育

旅游市场培育的实质是在政府、企业、非营利性组织之间由谁来负责，谁来推动市场的发展（Oliverisa，J. A. P.，2003）。从上述西方发达国家奖励旅游的发展中可以看出，政府、行业管理组织与企业是一个协调运行的体系，其中行业管理组织发挥了重要的指导、协调作用；政府在公共设施建设、公共环境方面进行控制、管理与服务；而企业组织奖励旅游则是在成熟市场环境下进行的一种受外界因素影响较小的组织内行为。立足于中西方发展环境的差异，结合我国奖励旅游市场中的“突出问题”，笔者尝试对我国奖励旅游市场培育提出思考建议。

一　政府干预的必要性

就目前情况看，我国的奖励旅游还处于导入期，需求市场弹性大，在政府管理缺位、行业管理组织缺失的背景下，“市场失灵”现象较普遍，如供给市场中的恶性竞争、同质模仿导致的负外部效应；供需双方的信息不对称造成的需求方“逆向选择”和“劣胜优汰”等现象加剧了奖励旅游产品的“庸俗化”倾向。需要借助外力打破这种恶性循环，但目前的市场主体缺乏这样的动力与实力，唯有政府是承担主体，与市场行为相比较，政府行为有垄断性和强制性的特点，也更有权威性。当市场机制失效时，政府的干预行为便成为方便的选择，即使在奖励旅游成熟的国家中，政府干预也是普遍现象。（陈先运，2004）

纵观中国旅游业的发展，政府的广泛干预是中国旅游业发展的一大特征，也是中国旅游产业能够迅速发展的重要原因。（郝索，2001）乔兆红（2008）在考察中国近代商品赛会举办前后的历程中，指出商品赛会与中国早期现代化建设之间基本上属于良性互动的关系，政府的推动行为起到了重要作用。

> 目前为止，会奖旅游还是一个新的事物，各有各的做法，但要出现一套规范的做法，还要依靠政府部门，需要将国外一些先进的经验和做法形成一个蓝本给到要做这个业务的旅行社学习，单靠旅行社单打独斗是没有进步的。（TGKHL07 - 1）

二　转变管理旅游的价值取向，重视旅游的福利特征

奖励旅游作为一种集团性消费行为不同于传统观光旅游下的

个体消费行为，是一个十分敏感的市场。一方面，在中国快速发展的经济背景下，呈现出巨大的潜在刚性需求；另一方面又受到很多外在环境的制约与影响，表现出极大的“不确定性”与“变通性”。

奖励旅游的使用在国企中，主要是他们怕麻烦，而且办公室或工作人员众口难调，干脆买一堆卡发就是了，我们发行的自由通卡，他们的业绩比我们还要好，一年可以有上亿元的收入，我们奖励旅游部门大致6000万~7000万的收入，主要是他们没有这种理念。（GJ01－M）

这种形式旅行社也很喜欢啊，肯定的首先把资金打入，又没有付款上的麻烦！（TGKHL07－1）

其实国内的奖励旅游平均消费还要高，出省起码要几千块，团队出国的平均还会少些，因为出国有一个手续方面的批复与限制，除了企业自己的限制还有外事部门的限制，国内花费1万元，国外都不能花费3000元，主要是性质不一样，报批手续就麻烦了。（TYCZL05－2）

对于这种需求弹性大的高端旅游产品，政府的引导与规制十分必要：一方面，当潜在需求没有正确引导或受到抑制时，会使其转向其他的消费方式和奖励手段甚至是不健康的休闲活动，而不能充分发挥旅游这种奖励方式带来的价值。中国强劲的经济发展与组织机构消费的巨大潜力是其寻求其他消费方式的必然，因此如何保护朦胧的需求及培育潜在市场，政府应发挥作用。另一方面奖励旅游在旅游市场中占有重要的地位，影响着旅游产业的结构与发展方向，关系到整个旅游业的发展趋势。

这涉及政府管理旅游的价值取向问题，表8－3反映了旅游业在我国不同发展阶段中的主要功能与作用。随着消费社会的到来和福利创新的必然要求，奖励旅游作为一种能给企业带来长远利益的战略性人力资源管理手段的同时，也已表现出越来越多的福利特征，从社会福利的角度来评估旅游发展的绩效，不单看经济效率而看社会效果，应是政府发展旅游的根本目的之一。政府管理旅游的价值取向应随着社会发展及人们对旅游社会功能的认识而转变。

表 8－3　近 30 年来旅游业在不同发展阶段中的主要功能和作用认识

旅游业的功能和特性	经济社会背景	产业属性	旅游类型和事项
能满足劳动者休闲、游憩和娱乐的需要	劳动休假制度的改革，扩大内需，促进经济健康增长	消费升级产业	国内旅游、出境旅游
旅游活动具有寓教于乐、情景体验的特点	进行革命传统教育，共产党员先进性教育，建设成就展示	特殊的专项教育产业	红色旅游、工业旅游
能够满足人的精神文化需要，陶冶高尚情操，提高生活品质	落实科学发展观、实现人的全面发展	以提高公民修养为主的文化产业	国内旅游、出境旅游
具有平衡外汇收支顺逆差的优势，增进客源国与目的地国之间友好交往，提升国际形象，增加对外谈判的实力等功能	实施和平外交、举办国家年、建设和谐世界的国家战略	为实现国家战略的支持性产业	出境旅游、入境旅游、签订中国公民旅游目的地（ADS）
旅游业的差异性和独特性依赖于智力创意、点子策划、形象设计	增强国家软实力，实现中华文明的伟大复兴，实施创新型国家战略	特殊的文化创意产业	旅游景区、大型旅游活动组织、旅游演艺节目、专项旅游、主题旅游、会议和奖励旅游

资料来源：魏小安、曾傅伟《旅游政策与法规》，北京师范大学出版社，2009。

三　统一规制主体，完善公共产品服务

目前我国对于商务会奖旅游的规制主体有国家及地方各级旅游局、外事、公安、工商、财政、海关等多个部门，规制主体过多，增加了协调的难度，给规制带来了混乱，也增加了市场主体寻租的空间。

就国外会奖旅游发展的实践看，成立跨部门的专门旅游规制机构，负责审议制定会奖旅游的发展政策，协调各部门的关系，协调解决会奖旅游发展中出现的问题，保证规制的连续性、系统性与科学性是各国的主要政策之一。如日本内阁观光对策省厅联络会议、泰国旅游管理委员会等机构（郑亚章，2010）均是在统一的规制主体下统一规划、管理，完善法规建设。

会奖旅游市场的运营中，同样存在着具有"非竞争性"与"非排他性"的公共产品，如行业的可信度与美誉度、目的地基础设施的完善程度、社会环境的安全性、经济的稳定性及当地居民的友好程度等。而政府作为公共产品的直接提供者，不断完善公共产品与服务是其首要责任。

就目前我国奖励旅游的市场现状看，一方面扶持知名会奖展的举办，为市场主体提供良好的交流平台，整合各方力量对外营销；另一方面加强与目的地政府的合作是当务之急。从国际上看，中国奖励旅游的迅速发展已成为各国及地区营销的重点，新加坡、加拿大、澳大利亚等都先后针对中国市场制定了相关的优惠政策和市场推广。一位旅行社会奖负责人认为：

> 中国的奖励旅游团是各国及地区的香饽饽，在目的地签证上，很多国家是优先对奖励旅游团的，因为参与人员都是达标的，资质可靠，签证开绿灯；到目的地后消费高，中国人攀比

心理强，个个都是业务经理相互之间均不示弱，购买能力强。(TGZL01－2)

但在蓬勃发展的出境游背后，对目的地国家的政策不清晰、国际旅游信息不对称、出境旅游者的权益保护措施不到位及突发事件带来的后遗症等各种现象的处理等还没有详细的规则，单独依靠企业的力量难以完成且信息成本巨大，政府应在此方面积极推进与国际的合作，建立维护旅游者权益的保障机制。这也是奖励旅游供给方迫切希望了解且希望得到政府支持的重要环节，信息不对称导致的风险的有效化解需要政府扮演“公益人”角色。

四　培育市场主体，合理规制

从需求主体看，购买方对奖励旅游的价值认知还不高，引导消费、培育需求是政府可作为的内容之一。如引进国际专业组织进行此方面的宣传与讲座，组织买方企业参加知名国际会奖展，通过媒体大力倡导旅游是一种积极健康的生活方式的理念从而引导消费。

政府的支持力量在东南亚方面是最大的，如新加坡文化部门等各个部门会提出很多项目或相关的政策。比如你有一个奖励旅游团队，向旅游局提出，相关部门会给一些奖励的东西，会针对你的团，政府组织专场演出，费用由政府来出，演出中会有些抽奖活动，奖品由政府出，很支持商务会奖励旅游。此外，它的企业要到外面旅游，可以向各部门如旅游局、发展局、生产发展局申请经费作为工厂出外旅游的奖励金，体现不在现金方面，表现在礼品、专场演出等能宣扬文化的物质的东西。(TGKHL07－1)

> 政府在推广营销奖励旅游方面，国内与国外相差得太远了，国内是政府在做这个事，带有官僚的色彩，而国外是政府与企业共同在做，我们出去就是摆个摊位等；像日本、澳大利亚、中国香港等政府在推广奖励旅游方面做得很好，会贴补一些给企业，是将整个国家营销出去。(TGZL01 -2)

同样政策支持将起着重要作用。如在购买方企业内部倡导实行奖励旅游制度，同带薪休假一样，制定法律条文及实施细则，辅以税收政策支持，与企业培训、福利费一样纳入成本并以一定比例列支；同时对实施奖励旅游的企业给以补助。随着奖励旅游在企业的推广，长远看甚至可以建立国家层面的奖励旅游计划，作为一种公共产品开发。

目前我国尚没有关于奖励旅游发展的国家层面的直接政策，主要是涉及税收等间接政策，如表8-4。又见附录5。

表8-4 奖励旅游相关税收政策

序号	名称	颁布部门时间
1	《企业所得税法实施条例》	财会[2009]7号
2	《关于印发工会会计制度工会新旧会计制度有关衔接问题的处理规定的通知》	财会[2009]7号
3	《关于企业以免费旅游方式提供对营销人员个人奖励有关个人所得税政策的通知》	财税[2004]11号
4	《国家税务总局关于企业工资薪金及职工福利费扣除问题的通知》	国税函[2009]3号
5	《关于规范个人投资者个人所得税征收管理的通知》	财税[2003]158号

资料来源：丁昌勇、张小莹《奖励职工旅游费用会计与税务处理》，《财会通讯》2011年第8上期，第151~153页。

从供给主体看，我国旅行社行业的发展，一直是政府采取规制措施较多的行业，从进入性、投资、服务质量到价格等都有相应的政府规制。（戴斌，1999；孙建文，2003；王磊、梁晓伟，2006）

在进入性规制上，早期政府主要采取了行政手段对行业分工体系、行业集中度进行了调控，但并未取得预期效果，反而造成了市场发育不完全（戴斌、夏少颜，2009）。从一、二、三类旅行社的设立、取消到国际社（分为可经营出境游的国际社、只能经营入境游的国际社）、国内社的分类再到 2009 年国家旅游局新颁布的《旅行社条例》中对经营出境游旅行社的资格要求看[①]，直接行政干预的手段在弱化，市场在资源有效配置方面的作用逐渐强化。

此种背景下，对奖励旅游经营主体的进入性规制已不现实，且随着旅行社行业制度性壁垒的逐渐降低（吴昌南，2006），应该是市场自然淘汰的过程。

但政府在促进产业体系的完善，营造良好的制度环境，建立市场竞争规则及改善信息结构等方面具有重要的不可替代的地位。（后小仙，2004）同时应重视在非经济性规制如道德体系建设、休闲文明、诚信机制的建立等方面的责任和义务。市场精神和准则如果不受任何约束和引导，其产生的逐利竞争的无限发展势必引致市场秩序的极度紊乱。（魏翔、朱德良，2005；邹时荣，2008）

在奖励旅游市场培育期，对旅行社经营商务会奖旅游的合理规制至关重要。例如北京、上海、广州等地都先后出台了旅行社进入政府采购平台的政策，但在工商部门的规制中却存在着旅行社发票

① 取消了沿用 22 年之久的旅行社分类制度，凡申请设立旅行社经营国内业务和入境业务的，经营许可满两年，且未因侵害旅游者合法权益受到行政机关罚款以上处罚的，可以申请经营出境旅游业务。经营国内旅游和入境游业务的旅行社应当存入质量保证金 20 万元，经营出境游业务的旅行社应当存入质量保证金 120 万元。

不能报销的障碍。如在访谈中得知，广州公、检、法三大部门的旅行社发票是绝对不能报销的，只能用目的地景区或酒店的发票。2011 年 2 月，国家财政部出台了《关于严格控制在华举办国际会议的通知》，对会议规格、规模、出席人员、免费服务、邀请人员、礼品赠送、财务费用等八个方面进行了严格规定，旨在控制国际会议的在华举办①，无疑对会奖旅游发展有影响。

现在有公务机票定点单位，但没有旅游定点单位。很多政府部门一般都会找公务机票定点单位来做，但旅行社有中标的机票公司的不多，广州共有6家。由于有些中标单位又没有旅游经营资质，我们社一接到公务机票定点单位的团就觉得麻烦了。(TYCZL05 -1)

结合我国奖励旅游市场的现状与特征，笔者认为对三种不同类型的奖励旅游应采取不同的规制导向，如表 8 -5。

表 8 -5　不同类型奖励旅游市场政府规制重点

类型	规制重点
基于业绩型的奖励旅游	鼓励提倡;规范市场经营环境;规范服务质量;统一主体,简化行政手续;建立有效的目的地信息沟通机制。
基于奖励性质的商务旅游	目前政府规制最多,也最容易引起争议的类型,规制要有系统性,不应该体现在简单的遏制需求上如对出行人数、出行天数等的“一刀切”的限制上;而在出行人员的资质、频率、选拔机制等方面加强监管,同时进行自律教育。
基于福利型的奖励旅游	政策鼓励支持,如在福利费用的灵活使用、成本列支、计提等方面放宽政策;与企业带薪休假制度一样在固定部门的督促下执行。

说明：本表内容为笔者整理。

① http://www.caijing.com.cn/2011-02-12/110639692.html，财经网 2011 -2 -12.

奖励旅游是一个受政策影响大的市场，政策规制具有制定快、程序简单、针对性强的特点，但也会带来各种弊端如反复多变、缺乏系统性等。长期看政府应该加强立法，制订长期规划，培育产业体系从而规范发展。

五　牵头成立行业组织，完善管理体制

政府干预市场有其有效性，也有天然缺陷。旅游业信息的分散性，使得政府并不能掌握完全的市场信息；政府本身的专业能力也不一定完全符合旅游业发展的需要；同时受政府本身利益的影响都或多或少地影响着政府职能的行使。（陈先运，2004）

政府与市场沟通功能的缺失使制度制订者与市场主体之间的信息不对称加剧，可产生因为缺乏缓冲和调节而无法自身解决的矛盾或解决的成本相当高；因此行业组织的建立显得十分必要。理论上讲，行业管理是企业自然选择的结果，但鉴于我国行业组织对政府部门的“路径依赖”现象，政府应在市场导入期及时牵头成立行业管理组织，清晰界定政府与行业组织的职责，充分发挥行业组织接近市场的优势，提供信息咨询、制订行业规范、约束市场主体，为政府决策提供依据。

由于我国奖励旅游市场尚处于导入期，政府的倡导与推动是关键；行业组织作为必要的中介组织，承担着市场规范与行业建设的长期职责；市场主体则是实践者和创新主体，自律自觉是必要的职业操守；三者协调运行，才能建立起有效的市场运行机制，促进奖励旅游市场的健康持续发展，如图 8－1 所示。

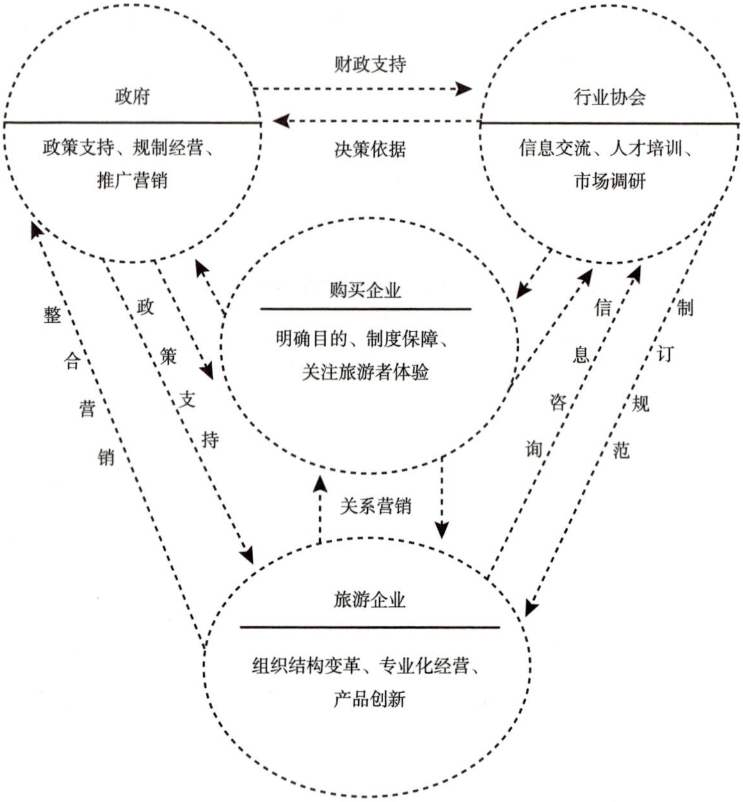

图 8－1 奖励旅游市场培育机制示意

第九章 结论与讨论

第一节 结论

奖励旅游作为 MICE 市场的组成部分之一，因其规模相对较小，实施并不像展览、会议业等需要以展览中心、会议中心等基础设施的建设、配套服务为基本条件而显示出与当地的经济社会建设有紧密的联系，因此也没有得到更多政府及相关部门的重视；而更多是作为一种新型的旅游业态出现，在旅游市场中处于自发状态。

2009 年 12 月 3 日，国务院发布《关于加快旅游业发展的意见》，首次确定“把旅游业培育成国民经济的战略性支柱产业和人民群众更加满意的现代服务业”。这是新中国成立以来首次将旅游业从行业的、部门的、经济的层面提升到国家发展的战略层面，是对旅游产业地位再认识过程中的又一次历史性飞跃。

旅游业传统上一直被认为是面向个体消费者的生活性服务业，随着现代服务业的崛起，现代企业制度的普及和生产职能的外包，旅游产业升级的一个重要方向是满足生产性消费，即市场化的非最终消费（会展旅游、奖励旅游、节事旅游、商务旅游等），为生产者服务，真正纳入现代服务业体系中，从而实现“战略性产业”

的使命，同时也是旅游业转型升级、自身结构调整的重要契机。

随着旅游福利化倾向的出现，奖励旅游给企业带来的价值逐渐引起关注，在西方一个多世纪的发展中已得到证实的有效激励方式，在中国情境下是否有效？随着中国企业国际化进程的加剧和福利产品创新的内在要求，可以预见的是需求市场的潜力较大。

在此背景下，本研究从分析奖励旅游组织市场的行为特征、影响因素入手，在深度访谈与实地调查的基础上，分别对企业购买方的需求特征及影响因素、产品供给体系中旅游中间商及供应商的行为特征及关系结合方式、奖励旅游者的期望行为与影响因素三个方面进行了详细的描述与解释，进一步分析了奖励旅游市场面临的“庸俗化”倾向，借鉴西方奖励旅游发展的模式，提出了我国的市场培育机制，结论如下。

（1）对需求市场而言，作为一种组织购买行为不同于传统组织市场中的工业品购买，在购买过程、购买决策、购买专业化程度、技术复杂程度方面都不如工业品购买复杂和规范，随机性、临时性特征较突出。

就目前市场现状看，存在三种形式的奖励旅游，每种面临不同的需求特征、购买行为与影响因素。在中国情境下奖励旅游已不再是一种简单的企业管理工具，而是一种附加了社会价值观与企业文化的复合体。

基于业绩型的奖励旅游：外资或中外合资企业较多使用，作为一种企业的管理工具，费用来自员工创造的利润，作为收入用于分配，使用目的明确、运作制度规范、收益关注度高、定制化要求高。奖励旅游产品供给的专业化程度是影响这部分企业奖励旅游发展的主要制约因素。

基于奖励性质的商务旅游：国企、民企中使用较多，费用多在行政、培训、工会等成本中列支，影响因素复杂除了组织内制度化程度、管理者个人决策导向外，对举办奖励旅游带来的社会影响如报酬公平性、福利公平性的看法成为主要考虑因素，同时对这种带有炫耀色彩的奖励方式的使用持较保守的态度。

基于福利性质的奖励旅游：不同性质的企业均有较多使用，制度化程度也较高，但预算受政策影响较大，与常规旅游差别不大。对后两类奖励旅游，是一种随机使用的福利或奖励方式，管理者个人领导风格、对待旅游中风险的态度都产生直接影响，需求表现出极大的不确定性，培育需求将是现阶段发展的主要任务之一。

（2）对供给市场而言，作为供给主体的旅行社，一方面，受自身组织结构的弊端与变革阻力的影响；另一方面，作为中间商，与各供应主体的交易环境动态变化，关系契约特征明显，既有维持长期合作关系的倾向又面临许多机会主义问题的诱惑；导致创新动力不足，专业化运作水平低下，可以看出旅行社将经过一个较长时间的阵痛期来提升自己。

由于奖励旅游是一种需求弹性大的产品，有效供给不足会抑制需求或降低需求层次，促进了奖励旅游“庸俗化”倾向的出现，供给方创新与变革的积极性越高就越会创造更多新的需求，市场就越繁荣、发展也就越迅速，因此创新是供给方的当务之急。

（3）对消费市场而言，参与度不高，对能体现身份地位的炫耀性活动和服务较在意；在对奖励旅游者的旅游动机与工作影响的实证调查中发现，对工作积极性的影响与奖励旅游者的期望有关，以旅游观光为主要期望的旅游者回来后与工作积极性相关性不高，而以交流、体验为主要期望的参与者则表现出较高的相关性；结合购买方的类型看，基于业绩型的奖励旅游对工作积极性的影响效果要高于基于奖励型的商务旅游及基于福利型的奖励旅游两类；因此若要取得积极的工作影响，需要根据旅游者的交流与体验期望进行相应的策划与服务，而不能当作一般的包价旅游团来对待。

（4）现阶段奖励旅游组织市场中的突出问题反映在奖励旅游产品“庸俗化”倾向，一方面需求主体长期形成的对供给市场的感知印象差；供给市场在不规范的市场环境下，创新动力不足，进一步降低了需求层次；另一方面消费主体期望的演进性决定了奖励旅游产品效应衰减的必然性与创新的必要性。

（5）就我国目前奖励旅游组织市场的特征看，旅游业的外部性问题、公共产品问题及市场信息的严重不对称决定了政府与行业组织具有不可或缺的地位。只有在政府合理规制、完善公共产品服务，规范经营环境及加强行业公信力、行业自律、完善信息结构建设的市场环境下，政府、行业组织、市场主体三方联动才能形成一个良性的市场培育机制，才能促进奖励旅游市场的健康持续发展。

第二节 讨论

（1）如何看待奖励旅游的价值？政府是支持还是限制？

国外对旅游社会功能的研究表明：旅游发展早期会带来一些负面影响，如社会分化加剧，犯罪率提升等（Park，M and Stokowski，P A，2009）；但长期看旅游对居民整体生活质量的提升有显著影响（Urtasun，A E，2006），特别是对低收入家庭来说，有机会提高家庭生活的质量，有机会去体验新的东西与不同的东西，能更好地去看待未来，能更好地适应环境，而不是被社会长期的排挤，从而促进社会福利水平的提升（McCabe，S，2009）；旅游不应该仅仅看作是一种平常的寻求乐趣和逃避现实的活动，而应是人类一种深刻的、广泛的渴望了解其他人或事，从而更好地了解自己的一种互惠互利的活动。因此，旅游应成为社会政策考虑的重要部分之一，也是能带来长期收益的活动，并可以成为其他社会现象的有力支持（Minnaert，L，Maitland，R and Miller，G，2009）。有学者甚至认为在20世纪忽视旅游业就如在18世纪忽视奴隶制度，19世纪忽视殖民制度一样的不可想象。(Higgins-Desbiolles，F，2006)

奖励旅游是一种发展中的社会现象，离开了政府的引导与规制，市场培育与发展中各种问题的解决将变得遥遥无期。政府管理旅游的价值取向对奖励旅游市场的生存、培育意义重大。一直以来，旅游业作为经济性产业在国民经济建设中发挥了重要作用，政府管理旅游的重点也一直是以供给为主，如旅游目的地建设，旅游基础设施建设，经营主体规制，资源保护与开发，大力发展入境游等。直到近几年，随着国内旅游的飞速增长，政府开始重视旅游需求的管理，从国民旅游休闲计划、职工带薪休假制度、外资旅行社经营中国公民出境游的准入、旅游目的地图（ADS）的推行等一系列政策的出台中可以看出。

奖励旅游作为一种组织需求也是必然的社会现象。旅游者参加活动时被提高了的关注度和社会地位满足了旅游者希望得到认可和接受的基本需求，从而产生持久的、积极的心理强化作用，增加期待与激励效果，促进企业进步。从这一点上看，面向组织市场的具有生产服务性质的奖励旅游具有比面向消费者市场的常规旅游具有更强的显示功能与社会影响效应，因为关系生产力要素中人力资本的提升问题，旅游的社会价值更深远。

因此政府在奖励旅游的发展中，是否应因为基于奖励性质的商务旅游中存在的负面效应，而简单的限制或不鼓励？还是应该科学合理的引导，促进积极健康的奖励旅游消费？

（2）是产品还是战略？是否可作为促进旅行社产业升级的重要契机？

对供给方来说，奖励旅游是产品还是战略？若只将其作为一种产品发展将受到很多制约，面临自身难以解决的弊端，落入传统产品经营的低利润、低层次交易中。从组织战略的高度进行结构变革、资源整合与技术改造，推动产品创新与品质提升，从而带动旅行社产业的转型升级是否可作为一种新的发展思路？以此改变长期以来旅行社产品附加值不高，供应链中的弱势地位？在政府的推动下，加速旅行社批零体系内部化（杨宏浩，2010）的建设，完善产业链中介组织，推动旅行社经营商务会奖产品的新型商业模式的建立值得思考。

（3）传统组织市场的营销理论在服务市场中如何应用更有效？

奖励旅游组织市场的购买方与消费方分离，作为一种以服务为主的体验型产品，与传统工业品营销不同，在购买程序、技术复杂程度及决策人员的专业分工上都相对简单，购买决策更加感性化，市场交易主体的关系结合方式对组织市场的营销影响作用较大，如何营销？作为消费主体的旅游者的体验是否会影响到组织购买的决策？如何影响，机制是什么？也值得思考。

第三节 研究的贡献与局限性

本书研究的贡献在于以下几个方面。

（1）在细致描述、解释的基础上，划分了目前市场上奖励旅游的三种类型，对其在需求、供给及消费市场上的行为特征、差异、影响进行了归纳总结与对比分析，客观勾画出我国目前奖励旅游组织市场的现状特征。

（2）在参与式观察的基础上，对制约我国旅行社经营高端商务会奖产品的因素进行了分析，指出基于组织结构、人员配备、技术变革三方的整合创新是根本，丰富了以往此领域的研究文献，为实践提供了借鉴。

（3）在问卷调查的基础上，将旅游者划分为三种类型：旅游观光类、工作交流类与体验尊贵类，并指出只有满足其工作交流与体验尊贵的需求才能产生积极的心理体验，从而对工作积极性产生积极的影响。

本书研究的不足在于以下几方面。

（1）作为探索性研究，本文在选择企业访谈对象的可进入性上受到了较大的制约，特别是民营企业的受访对象较少，国有企业中受访对象多是掌握垄断资源的行业，使结论的普适性受到影响；只对影响企业购买行为的因素进行了概念性解释，没有进一步实证分析。

（2）奖励旅游交易过程中的参与式观察是以 X 旅行社为代表进行的，相对于北京、上海两大国内主要的会奖旅游城市中的旅游供给会有不同，没有进行对比分析，没有对小型专业型旅行社、公关公司等进行深入调查。

（3）在奖励旅游者问卷调查中，个别行业的受调查者数量过少，如医药保健、化妆品、通信等，使行业类别在奖励旅游期望及行程中影响满意的因素差异性方面的分析结论受影响。企业性质中其他成分的比例较高有待于进一步细分。受时间限制，没有参与具体的团队出游实践中去。

第四节　进一步研究的方向

奖励旅游目前在中国的发展还处于导入期，随着中国经济的发展、国民休闲体系的建设及旅游福利化进程的加速，奖励旅游的发展将得到重视，出现的各种问题将引起越来越多的关注。进一步研究的方向有以下几点。

（1）对企业购买奖励旅游的需求意向、行为特征，进行量化分析，在扩大调查对象的基础上，基于本书研究中表现出较大差异的变量如企业性质（国企、民企、外资、中外合资）、行业类别进行更深入的研究。随着企业购买旅游产品的普及化，如何衡量使用效益，西方 ROI、ROO 的衡量方法是否可行等。

（2）对旅行社经营奖励旅游的成功个案进行跟踪研究，进一步分析旅行社与专业公司在资源整合、服务配送方面的优劣势，探索旅行社进入商务会奖领域的商业模式。

（3）奖励旅游者是在钱、闲固定的情况下的一种消费行为，其行为特征会有哪些独特性？随着奖励旅游的深入，旅游者的感受将产生变化，会产生更多的影响因素，本书研究只就行程中的导游、酒店、交通、策划、主题晚宴、安排、目的地几个方面进行了研究；同时旅游者的期望与类型是否会随着奖励旅游的深入而发生变化，与工作积极性的影响关系如何等，有必要进行跟踪研究。

主要参考文献

[1] Anderson R, Lewis D, Parker M. Another look at the efficency of corporate travel management departments [J]. Journal of Travel Research, 1999, 37 (3): 267-272.

[2] Antreas Athanassopoulos S G V S. Behavioural responses to customer satisfaction: An empirical study [J]. European Journal of Marketing, 2001, 35 (5/6): 687-708.

[3] Ariffin, M A A. Understanding Novelty-Seeking Behavior In Meeting Tourism: A Measurment Development Approach [J]. Event Management, 2008, 11 (4): 179-190.

[4] Bauer T G, Lambert J, Hutchison J. Government Intervention in the Australasian Meetings, Incentives, Conventions and Exhibitions Industry (MICE) [J]. Journal of Convention & Exhibition, 2001, 3 (1): 65-87.

[5] Bergen M, Dutta S, Orville C. Walker J. Agency relationships in marketing: a review of the implications and applications of agency and related theories. [J]. Journal of Marketing, 1992, 56 (7): 1-24.

[6] Berry G L. Relationship Mareketing of Services Growing Interest,

Emerging Perspectives [J]. Journal of the Academic of Marketing scinence, 1995, 23 (4): 236 - 245.

[7] Bricker K, Cottrell S, Verhoven P. An empirical investigation of adventure-based incentive travel programs: exploring the relationship between benefits sought, demographic and travel behavior variables, and expected activity level: Proceedings of the 1997 Northeastern Recreation Research Symposium, Bolton Landing, NY, 1997 [C].

[8] Brierty E G, Robert R W E. Business Marketing [M]. 中国人民大学出版社, 1999.

[9] Bunchanan G. Business on board [J]. Conference & Incentive Travel, 2001 (July/August).

[10] Charkey B, Hadden L. Solving an international corporation's travel dilemma [J]. Journal of Accounting Education, 2006, 24 (2 - 3): 134 - 148.

[11] Crosby, Stephens. Effects of relationship Marketing on Satisfaction, Retention and Prices in the Life Insurance Industry [J]. Journal of Marketing Research, 1987, 24 (11): 404 - 411.

[12] Dieke P U C, Karamustafa K. Cooperative marketing in the accommodation subsector: Southeastern Mediterranean perspectives [J]. International Business Review, 2000, 42 (4): 467 - 494.

[13] Douglas A, Lubbe B A. identifying value conflicts between stakeholders and in corporate travel management by applying the soft value managment model [J]. Tourism Management, 2006, 27 (3): 1130 - 1140.

[14] Fong E A, Tosi H L. Effort, performance, and conscientiousness:

an agency theory perspective [J]. Journal of Management, 2007, 33 (2): 161-179.

[15] Ford R C, Peeper W C. The past as prologue: Predicting the future of the convention and visitor bureau industry on the basis of its history [J]. Tourism management, 2007, 28: 1104-1114.

[16] Fortin P A, Ritchie J R B. An Empirical Study of Association Decision Processes in Convention Site Selection [J]. Journal of Travel Research, 1977, 15 (4): 13-20.

[17] Foundation S I. The Annual annalysis and forecast for the Motivational Events Industry [EB/OL]. 2010-10-05. http://www.siteglobal.com/Foundation/SiteIndex.aspx.

[18] Ganesh J, Arnold M J, Reynolds K E. Understanding the Customer Base of Service Providers: An Examination of the Differences between Switchers and Stayers [J]. The Journal of Marketing, 2000, 64 (3): 65-87.

[19] Ghingold M, Wilson D T. Buying center research and business marketing practice: meeting the challenge of dynamic marketing [J]. Journal of Business & Industrial Marketing, 1998, 13 (2): 96-108.

[20] Guilding C, Warnken J, Ardill A, et al. An agency theory perspective on the owner/manager relationship in tourism-based condominium [J]. Tourism Management, 2005, 26 (3): 409-420.

[21] Hamilton B H, Nickerson J A, Owan H. Team Incentives and Worker Heterogeneity: An Empirical Analysis of the Impact of Teams on Productivity and Participation [R]. 2001.

[22] Hampton A. The UK Incentive Travel Market: A user's view [J]. European Journal of marketing, 1987, 21 (9): 10 -20.

[23] Hasting K W. Sales Force Motivation using Travel Incentives: Some Empirical Evidence [J]. Journal of personal selling & Sales Management, 1988 (8): 43 -51.

[24] Hickson D J, Hinings C R, Lee C A, et al. A Strategic Contingencies' Theory of Intraorganizational Power [J]. Administrative Science Quarterly, 1971, 16 (2): 216 -229.

[25] Higgins - Desbiolles F. More than an "industry": The forgotten power of tourism as a social force [J]. Tourism Management, 2006, 27 (6): 1192 -1208.

[26] Hye-Rin L, McKercher B, Kim S S. The relationship between convention hosts and professional conference organizers [J]. International Journal of Hospitality Management, 2009, 28 (4): 556 -562.

[27] Jacqueline J B, Reingen P H. Social Ties and Word-of-Mouth Referral Behavior [J]. Journal of Consumer Research, 1987, 14 (3): 350 -362.

[28] Jafari J. Encyclopedia of Tourism [M]. London and New York: Routledge, 2000.

[29] John G, Reve T. The reliability and validity of Key Informant Data from Dyadic Relationships in Marketing Channels [J]. Journal of Marketing Research, 1982, 19 (4): 517 -524.

[30] John T. Bowen S C. The relationship between customer loyalty and customer satisfaction [J]. International Journal of Contemporary Hospitality Management, 2001, 13 (4/5): 213 -217.

[31] Johnston W J, Lewin J E. Organizational buying behavior:

Toward an integrative framework [J]. Journal of Business Research, 1996, 35 (1): 1-15.

[32] Jr. Webster, E F, Wind Y. A General Model for Understanding Organizational Buying Behavior [J]. The Journal of Marketing, 1972, 36 (2): 12-19.

[33] Kohli, Ajay. Determinants of Influence in Organizational Buying: A Contingency Approach [J]. The Journal of Marketing, 1989, 53 (3): 50-65.

[34] Kotteaku A G L L. The influence of product complexity on the purchasing structure [J]. OMEGA, 1995, 23 (1): 27-39.

[35] Laios L A X E. An investigation into the structure of the purchasing function of the purchasing function of state contorlled enterprises [J]. Journal of Business Research, 1994, 29 (1): 13-21.

[36] Latham E A L, Gary. Work Motivation and Satisfaction: Light at the End of the Tunnel [J]. Psychological Science, 1990, 1 (4): 240-246.

[37] Lewis R C. The Incentive-Travel Market: How to reap your share [J]. Cornell Hotel and Resturant Adminission Quarterly, 1984, 24 (1): 19-27.

[38] Mair J, Thompson K. The uk asoociation conference attendence decision-making process [J]. Tourism Management, 2009, 30 (3): 400-409.

[39] March R. An exploratory study of buyer - supplier relationships in international tourism: the case of Japanese wholesalers and Australian suppliers. [J]. Journal of Travel & Tourism Marketing, 1997, 6 (1): 55-68.

[40] Mason D S, Slack T. Understanding principal-agent relationships: evidence from professional hockey [J]. Journal of Sport Management, 2003, 17: 37-61.

[41] McCabe D L. Buying group structure: constriction at the top [J]. Journal of Marketing, 1987, 51 (4): 89-98.

[42] McCabe S. Who needs holiday? Evaluating Social Tourism [J]. Annals of Tourism Research, 2009, 36 (4): 667-688.

[43] Medina-Muñoz D, García-Falcón J M. Sucessful relationships between hotels and agencies [J]. Annals of Tourism Research, 2000, 27 (3): 737-762.

[44] Mehta S C, Loh J C M, Mehta S S. Incentive-Travel marketing: The singapore Approach [J]. Cornell Hotel and Resturant Adminission Quarterly, 1991, 32 (3): 67-74.

[45] Minnaert L, Maitland R, Miller G. Tourism and social policy: The Value of Social Tourism [J]. Annals of Tourism Research, 2009, 36 (2): 316-334.

[46] Morrison A M, ALadig K. Coporate travel in USA [J]. Tourism Management, 1994, 15 (3): 177-184.

[47] Nelson R R. Emerging concerns about the use of convention centres as catalysts for local economic development: Proceedings of the Conference on Graduate Education and Graduate Student Research, Houston Texas, 1996 [C].

[48] NelsonGraburn, 伍乐平译《人类学与旅游时代》[M], 广西师范大学出版社, 2009。

[49] O'Brein M. The west European incentive travel market [J]. Tourism and analyst, 1997, 1: 44-52.

[50] Ofori-Dankwa J, Ricks D A. Research emphases on cultural

differences and /or similarities: Are we asking the right question? [J]. Journal of International Management, 2000 (6): 172 - 186.

[51] Oliver R L. Satisfaction: A behavioral perspective on the consumer [M]. USA: McGraw-Hill Publishing Company, 1996.

[52] Oliverisa J A P. Governmental Responses to Tourism Development: Three Brazilian Case Studies [J]. Tourism Management, 2003, 24 (1): 97 - 110.

[53] Park M, Stokowski P A. Social disruption theory and crime in rural communities: Comparisons across three levels of tourism growth [J]. Tourism Management, 2009, 30 (6): 905 - 915.

[54] Pfeffer J, Salancik G R. The external control of organizations: a resource dependence perspective [M]. New York: Harper & Row, 1978.

[55] Reimer G D. Packaging dreams: Canadian tour operators at work [J]. Annals of Tourism Research, 1990, 17 (4): 501 - 512.

[56] Ricci P R, Holland S M. Incentive travel: Recreation as a motivational medium [J]. Tourism Management, 1992, 13 (3): 288 - 296.

[57] Riley R W. Prestige-worthy tourism behavior [J]. Annals of Tourism Research, 1995, 22 (3): 630 - 649.

[58] Robinson P J, Fairs. Industry Buying and Creative Marketing [M]. Boston, Massachusetts: Allyn and Bacon Inc. and the Harbeling Science Institute, 1967.

[59] Russell A. Bell, Morey R C. increasing the efficicency of

corporate travel managment through macro benchmarking [J]. Journal of travel research, 1995, 33 (3): 11 -20.

[60] Saam N J. Asymmetry in information versus asymmetry in power: Implicit assumptions of agency theory? [J]. The Journal of Socio-Economics, 2007, 36: 825 -840.

[61] Severt D, Wang Y, Chen P, et al. Examining the motivation, perceived performance, and behavioral intentions of convention attendees: Evidence from a regional conference [J]. Tourism Management, 2007, 28 (2): 399 -408.

[62] Sheldon P J. Incentive travel: insights into its consumers [J]. Journal of travel & tourism marketing, 1994, 3 (2): 19 -33.

[63] Sheldon P J. The Demand for Incentive Travel: An Empirical Study [J]. Journal of Travel Research, 1995, 33 (4): 23 - 28.

[64] Sheth J N. A Model of Industrial Buyer Behavior [J]. The Journal of Marketing, 1973, 37 (4): 50 -56.

[65] Shinew K J, Backman S J. Incentive travel: an attractive option [J]. Tourism Management, 1995, 16 (4): 285 -293.

[66] Sirdeshmukh D, Singh J, Sabol B. Consumer Trust, Value, and Loyalty in Relational Exchange [J]. The Journal of marketing, 2002, 66 (1): 15 -37.

[67] Spekman K G. Conceptual and Methodological Issues in Buying Centre Research [J]. European Journal of Marketing, 1986, 20 (7): 50 -63.

[68] Tanner J. Users' role in the purchase: their influence, satisfaction and desire to participate in the next purchase [J]. Juronal of Business & industrial marketing, 1998, 13 (6):

479 - 491.

[69] Thomas Bauer R L T T. Motivation and satisfaction of mega-business event attendees The case of ITU Telecom World 2006 in Hong Kong [J]. International Journal of Contemporary Hospitality Management, 2008, 20 (2): 228 - 234.

[70] Tian S, Crompton J L, Witt P A. Integrating Constraints and Benefits to Identify Responsive Target Markets for Museum Attractions [J]. Journal of Travel Research, 1996, 35 (2): 34 - 45.

[71] Timothy D J. Shopping Tourism, Retailing and Leisure [M]. England: Channel View Publications, 2005.

[72] Tracey T R H A. The Service Imperative: Factors Driving Meeting Effectiveness [J]. Cornell Hotel and Restaurant Administration Quarterly, 1998, 39 (5): 59 - 67.

[73] Tse A C. Disintermediation of travel agents in the hotel industry [J]. International Journal of Hospitality Management, 2003, 22 (4): 453 - 460.

[74] Urtasun A E. Tourism agglomeration and its impact on social welfare: An empirical approach to the Spanish case [J]. Tourism Management, 2006, 27 (5): 901 - 912.

[75] USA O E. The return on investment of US business travel. [EB/OL]. http://www. ustravel. org/sites/default/files/09 - 10 - 09_ Oxford% 20Economics. pdf.

[76] Wang K, Hsieh A, Chou S, et al. GPTCCC: An instrument for measuring group package tour service [J]. Tourism Management, 2007, 28 (2): 361 - 376.

[77] Wang K, Hsieh A, Huan T. Critical service features in group

package tour: An exploratory research [J]. Tourism Management, 2000, 21 (2): 177 - 189.

[78] Wangenheim F V T B. The effect of word of mouth on services switching: measurement and moderating variables [J]. European Journal of Marketing, 2004, 38 (9/10): 1173 - 1198.

[79] Witt S F, Gammon S, White J. Incentive travel: Overview and case study of Canada as a destination for the UK market [J]. Tourism Management, 1992, 13 (3): 275 - 287.

[80] Xiang Z, Formica S. Mapping environmental change in tourism: A study of the incentive travel industry [J]. Tourism Management, 2007, 28 (5): 1193 - 1202.

[81] 艾尔·巴比:《社会研究方法》[M], 邱泽奇译, 华夏出版社, 2005。

[82] 蔡红:《中国高端旅游市场开发》[M], 中国经济出版社, 2009。

[83] 陈珮君:《奖励旅游对工作态度影响之研究——以寿险业为例》[D], 台湾世新大学, 2002。

[84] 陈先运:《产业经济发展中的政府行为效率——以中国旅游产业为例》[J],《文史哲》2004 年第 2 期。

[85] 程国平:《经营者激励——理论、方案与机制》[M], 经济管理出版社, 2002。

[86] 戴斌:《论政府规制与旅行社业不正当竞争——一种产业组织经济学的观点》[J],《桂林旅游高等专科学校学报》1999 年第 10 (1) 期。

[87] 戴斌、杜江:《旅行社管理比较研究》[M], 旅游教育出版社, 2006。

[88] 戴斌、夏少颜:《论我国大众旅游发展阶段的运行特征与政策取向》[J],《旅游学刊》2009 年第 24 (12) 期。

[89] 戴维·德沃斯:《社会研究中的研究设计》[M],郝大海等译,中国人民大学出版社,2008。

[90] 董媛:《奖励旅游产品实施效应研究——以重庆奖励旅游市场为例》[J],《乐山师范学院学报》2006 年第 3 期。

[91] 段凤华:《旅行社拓展会展旅游策略研究》[D],华东师范大学,2007。

[92] 多米尼克·威尔逊:《组织营销》[M],万晓、汤小华译,机械工业出版社,2002。

[93] 范业正:《从生活福利与旅游富民看旅游民生》[J],《旅游学刊》2010 年第 7 期。

[94] 方田红、王计平:《差旅管理:我国旅行社开发的新业务》[J],《现代企业》2008 年第 11 期。

[95] 风笑天:《社会学研究方法第三版》[M],中国人民大学出版社,2009。

[96] 高欢迎、阎薇、陈亚光:《资源的稀缺性与企业剩余索取权安排——关于企业人力资本的重要性及激励问题研究》[J],《经济问题探索》2004 年第 12 期。

[97] 高静:《国内外奖励旅游发展比较研究》[D],上海师范大学,2004。

[98] 高静、刘春济:《试论我国奖励旅游市场开发——从奖励旅游的内部特征出发》[J],《桂林旅游高等专科学校学报》2006 年第 1 期。

[99] 郭鲁芳、何玲:《旅游目的地发展奖励旅游探讨——以浙江淳安千岛湖为例》[J],《江苏商论》2007 年第 1 期。

[100] 郭鲁芳、徐云松:《浙江旅行社发展与创新》[M],北京大

学出版社，2008。

[101] 郭宇：《威廉姆森对制度经济学的贡献和对中国的启示》[J]，《经济论坛》2010年第477（5）期。

[102] 郝索：《论我国旅游产业的市场化发展与政府行为》[J]，《旅游学刊》2001年第16（2）期。

[103] 洪秋艳：《关于推动国内奖励旅游发展的若干思考》[J]，《桂林航天工业高等专科学校学报》2010年第3期。

[104] 后小仙：《政府经济功能重构：制度供给、市场培育和信息校正》[J]，《经济问题》2004年第10期。

[105] 侯洁：《上海现代服务业集聚区商务旅游开发研究》[D]，上海师范大学，2008。

[106] 胡世伟、赵英杰：《不确定环境下旅行社企业网络组织结构的探讨》[J]，《技术与市场》2006年第5期。

[107] 华倩：《商务旅行服务专业化发展研究》[D]，华东师范大学，2007。

[108] 贾莲莲、朱竑：《商务旅游研究述评》[J]，《思想战线》2004年第3期。

[109] 李广才：《奖励旅游游程操作研究台湾》[D]，台湾世新大学，2008。

[110] 李桂华：《论企业对企业营销的模式与特征》[J]，《现代财经（天津财经学院学报）》2000年第9期。

[111] 李桂华、卢宏亮、刘峰：《中国企业的购买决策“谁”说的算？——对Webster-Wind模型的修正及检验》[J]，《中国软科学》2010年第7期。

[112] 李桂华、姚唐、王淑翠：《影响企业购买行为因素的概念化模型及其分析》[J]，《现代财经（天津财经大学学报）》2007年第10期。

[113] 李桂华、郑奇：《企业对企业营销中的购买行为模型及其应用价值》[J]，《现代财经（天津财经学院学报）》2002 年第 4 期。

[114] 李宏：《欧美旅行社行业分工进程与内在机制研究》[J]，《旅游学刊》2001 年第 16（3）期。

[115] 李婷婷、郭毓洁、张歆梅：《基于 SSPAB 模型的 MICE 业进入性分析》[J]，《旅游学刊》2007 年第 1 期。

[116] 李祇辉：《福利旅游概念内涵与研究述评》[J]，《江苏商论》2009 年第 3 期。

[117] 厉新权、程小敏：《关于拓展我国商务旅游市场的思考》[J]，《北京第二外国语学院学报》2004 年第 3 期。

[118] 励展旅游展览集团：《CIBTM：2010 中国及亚洲会奖行业调查报告》[J]，《商旅专家》2010 年第 11 期。

[119] 刘春济、朱海森：《我国商务旅游及其市场开发策略探讨》[J]，《旅游科学》2003 年第 3 期。

[120] 刘海燕：《中国文化背景下人际关系对企业购买意向影响的实证研究》[D]，南开大学，2009。

[121] 刘少湃、蓝星：《奖励旅游生命周期模型的构建》[J]，《商业研究》2007 年第 11 期。

[122] 刘振涛、孟祥山、司东歌：《我国奖励旅游现状分析》[J]，《现代商业》2008 年第 11 期。

[123] 罗宾斯、斯蒂芬·P.：《管理学第七版》[M]，中国人民大学出版社，2004。

[124] 罗伯·戴维森、比优拉·库配：《商务旅行》[M]，云南大学出版社，2006。

[125] 罗伯特·K. 殷：《案例研究方法的应用》[M]，周海涛译，重庆大学出版社，2004。

[126] 罗布·戴维森、托尼·罗杰斯：《节事目的地与场馆营销》[M]，宋哲敏、关旭译，格致出版社、上海人民出版社，2008。

[127] 马爱萍、张虹菲：《国内外商务旅游研究述评》[J]，《北京第二外国语学院学报》2007 年第 11 期。

[128] 马惠娣：《休闲：人类美丽的精神家园》[M]，中国经济出版社，2004。

[129] 迈克尔·D. 赫特、托马斯·W. 斯潘：《组织间营销管理》[M]，朱凌、梁玮译，中国人民大学出版社，2006。

[130] 孟海霞、姚玉宁：《旅行社会展旅游产品的开发策略分析》[J]，《山西经济管理干部学院学报》2008 年第 2 期。

[131] 诺曼·K. 邓津、伊冯娜·S. 林肯主编《定性研究：方法论基础》[M]，风笑天等译，重庆大学出版社，2007。

[132] 乔兆红：《中国近代博览会事业的政府行为》[J]，《社会科学》2008 年第 2 期。

[133] 权容玉、申刚镀：《酒店与旅行社的交易因素和信任的调节效果——围绕引进外来游客项目》[J]，《科技创新导报》2009 年第 27 期。

[134] 阙丽萍、陈兴祖：《政府及行业协会与我国旅游行业管理》[J]，《商业研究》2002 年第 6 期。

[135] 邵莉莉：《国内外奖励旅行研究综述》[J]，《旅游学研究》2010 年第 5 辑。

[136] 宋振春：《当代中国旅游发展研究》[M]，经济管理出版社，2006。

[137] 宋子千、宋志伟：《关于旅行社面向商务旅游转型的思考》[J]，《商业经济与管理》2008 年第 5 期。

[138] 孙建文：《论我国出国旅游市场的政府规制》[J]，《学习与

实践》2003 年第 12 期。
[139] 孙中伟、索扬：《旅行社成功策划奖励旅游业务流程之研究》[J]，《石家庄师范专科学校学报》2004 年第 6 期。
[140] 陶健：《上海企业岁末新气象——有种奖励叫旅游》[N]，《解放日报》2003 年 12 月 5 日。
[141] 田喜洲、王渤：《旅游市场效率及其博弈分析——以旅行社产品为例》[J]，《旅游学刊》2003 年第 18（6）期。
[142] 田也壮、张莉、杨洋：《组织记忆的复制过程与全息性特征》[J]，《管理学报》2004 年第 2 期。
[143] 万早平：《商务旅游服务企业专业化战略研究》[D]，南昌大学，2008。
[144] 汪涛：《组织市场营销》[M]，清华大学出版社，2005。
[145] 王爱民、陈苏：《培育旅游市场主体的思考》[J]，《企业经济》2011 年第 2 期。
[146] 王国钦、郭英之、闵辰华等：《公司团体套装旅游的影响因素研究——以中国台湾为例》[J]，《旅游学刊》2007 年第 1 期。
[147] 王红、颜淑荣：《发展方式转型中政府在旅行社业的作用与影响分析》[J]，《宏观经济研究》2011 年第 3 期。
[148] 王磊、梁晓伟：《我国出境旅游政府规制存在问题及趋势分析》[J]，《商场现代化》2006 年第 14 期。
[149] 王倩、沙滢：《旅行社对奖励旅游产品的开发策略研究》[J]，《商场现代化》2007 年第 20 期。
[150] 王缇萦：《商务旅游策划与管理》[M]，上海人民出版社，2007。
[151] 王彦伟、傅泽田：《西方旅游业中的去中介化和重中介化的问题讨论》[J]，《中国农业大学学报》2005 年第 58（1）期。
[152] 王姿珺：《前进中国大陆奖励旅游之蓝深策略研究》[D]，

台湾师范大学，2010。
[153] 魏翔、朱德良：《基于公共经济学的旅游经济政府规制研究》[J]，《经济问题探索》2005 年第 12 期。
[154] 吴昌南：《中国旅行社产品差异化研究》[M]，上海财经大学出版社，2006。
[155] 吴光锡：《旅行社组织结构随需而变》[J]，《时代经贸（下旬刊）》2008 年第 11 期。
[156] 吴晓烨：《体验经济视角下奖励旅游产品的创意化设计》[J]，《中国集体经济》2008 年第 1 期。
[157] 肖文、李仕明、孙平：《多层次激励系统可靠性的敏感分析》[J]，《管理学报》2006 年第 5 期。
[158] 熊元斌：《旅游业、政府主导与公共营销》[M]，武汉大学出版社，2008。
[159] 徐凤增：《基于顾客价值角度对企业内部组织创新的考察——以旅行社组织创新为例》[J]，《社会科学家》2008 年第 136（8）期。
[160] 徐桂红：《激励有效性需要制度保证》[J]，《江淮论坛》2004 年第 6 期。
[161] 许峰：《会展旅游的概念内涵与市场开发》[J]，《旅游学刊》2002 年第 4 期。
[162] 薛盈盈：《休闲视角下旅游福利的发展态势及实现路径研究》[D]，南昌大学，2010。
[163] 杨国川、杨国姝：《政府对会展业支持的国际比较研究》[J]，《中央财经大学学报》2009 年第 6 期。
[164] 杨海红：《旅行社承接服务外包研究》[D]，上海师范大学，2009。
[165] 杨宏浩：《中国出境旅游产业发展特征研究》[J]，《旅游学

刊》2010 年第 25（3）期。
[166] 杨军：《从经济管理向福利管理渐进——旅游管理新取向》[N]，《中国旅游报》2007 年 2 月 14 日。
[167] 杨佩群：《奖励旅游纳税对旅游市场短期影响的经济学分析》[J]，《合作经济与科技》2005 年第 4 期。
[168] 余向洋、朱国兴、邱慧：《游客体验及其研究方法述评》[J]，《旅游学刊》2006 年第 10 期。
[169] 张广瑞：《中国的奖励旅游：从概念到实质》[J]，《旅游时代》2007 年第 4 期。
[170] 张婧：《我国奖励旅游发展的文化障碍》[J]，《商业文化》2010 年第 5 期。
[171] 张文建：《试论奖励旅游与生产者服务》[J]，《旅游科学》2005 年第 1 期。
[172] 张文建、华建平：《商务会展服务外包：实现旅游产业发展方式的转变》[J]，《社会科学》2008 年第 7 期。
[173] 张文建、史国祥：《论都市旅游业与会展业的边界融合趋势》[J]，《社会科学》2007 年第 7 期。
[174] 张文敏、张朝枝：《参团游客对旅行社服务质量的期望与感知实绩研究》[J]，《旅游学刊》2007 年第 3 期。
[175] 张显春：《网络型组织——构建旅游企业组织结构的新选择》[J]，《桂林旅游高等专科学校学报》2003 年第 14（3）期。
[176] 郑亚章：《我国旅游规制存在的主要问题及改进对策》[J]，《企业经济》2010 年第 6 期。
[177] 周文丽：《我国奖励旅游发展途径——供给引导需求》[J]，《发展》2006 年第 12 期。
[178] 邹时荣：《我国旅游休闲市场秩序失灵与规制》[J]，《经济问题》2008 年第 9 期。

附录 1 旅行社访谈提纲

一 旅行社经营奖励旅游的现状

1. 是否有独立的部门运作？人员配备情况？

2. 何时经营奖励旅游业务？在整个团体旅游中的比重如何？

3. 奖励旅游出境游与入境游的比例情况？主要的出境游的主要目的地有哪些？前五位的国家是哪些？平均停留时间？平均消费水平？

4. 近几年来，承接不同性质的企业（国企、民企、外资或中外合资等）会奖团的比例？表现出来的差异是否大？表现在哪几方面？

5. 承接的奖励旅游团主要来自哪些行业？承接的规模有多大？

二 旅行社运作与营销

1. 贵公司与购买方的合作方式、时间有何特征？

2. 您认为影响买方选择旅行社的因素有哪些？

3. 贵公司接待的奖励旅游通常有哪几种形式？

4. 旅行社通过哪些渠道营销？

5. 与常规团体旅游相比，在整个操作过程中有哪些特别之处？

6. 旅行社在机票、酒店采购等方面与常规团是否不同？若有体现在哪些方面？

7、如何看待旅行社在奖励旅游供应链中的地位？

7. 奖励旅游的利润空间如何？

8. 从旅游供给方的角度如何评价奖励旅游的效果？

三　奖励旅游的发展与影响

1. 如何看待专业化公司与传统旅行社在经营奖励旅游时的优劣势？

2. 奖励旅游发展面临哪些外部环境的障碍或存在哪些问题？（法规政策、行业环境等）

3. 旅行社经营奖励旅游自身存在哪些障碍与问题？

4. 奖励旅游的发展前景如何？

5. 国外有哪些国家的成功经验可以借鉴？

附录2　企业访谈提纲

一　企业购买奖励旅游的基本情况

1. 贵公司使用奖励旅游的目的是什么？主要是面向哪些群体使用？

2. 影响企业是否使用奖励旅游的因素有哪些？

3. 组织的奖励旅游规模通常是多少人？平均天数？到过哪些目的地？

4. 是否每年都使用这种形式，是否一种固定的奖励方式？

5. 奖励旅游的费用是否有独立的预算？若有近几年的预算变动情况如何？平均每人预算？

二　奖励旅游经营运作

1. 企业内部是否有独立设置的部门或岗位负责奖励旅游的运作？

2. 影响企业最终购买决策的是哪些部门或岗位的人？

3. 哪些环节是公司自己完成的，哪些是交给中间商完成的？合作的周期通常多长？

4. 通常会策划哪些有新意的活动，会有会议、培训或主题晚宴吗？

5. 贵企业在行程设计上是否考虑企业文化或员工特征？

6. 在企业内部、外部是否做宣传？通过何种形式做？

7. 是否会参与到旅行社运作奖励旅游的具体环节中？双方的互动模式如何？

8. 在奖励旅游行程中，对旅行社人员的派遣有何特殊要求？（领队、踩线人员、联络人员）

9. 需要旅行社拆分报价吗？认为旅行社的合理利润空间是多少？

10. 影响公司选择旅行社的主要因素是什么？是依靠过去的合作关系、口碑、价格、策划线路的特点？

三　奖励旅游效果及发展的关注

1. 使用奖励旅游后，员工的反映如何？如何看待使用奖励旅游给企业带来的效果？是否有这方面的评价？

2. 未来奖励旅游的方式是否会发生变化？哪些活动是企业认为最具个性化的？

3. 您认为目前制约奖励旅游市场需求的因素有哪些？

4. 旅行社目前经营奖励旅游最需要改善与提升的是哪些方面？

附录 3 奖励旅游者访谈提纲

1. 对公司提供的这三种奖励旅游方式中：奖金、商品、旅游，哪种对您更具有吸引力？

2. 您认为参加奖励旅游活动有哪些收获？最主要的是什么？

3. 在公司资助的奖励旅游方式中，以下哪种对您更具有吸引力？

- 与朋友一起旅游；
- 与家人一起旅游；
- 与公司员工一起旅游。

4. 您认为奖励旅游活动中，哪些服务环节您“最看重”或“最在意”，或影响您满意度的因素有哪些？

5. 您认为奖励旅游回来后，会对您工作有影响吗？通常会表现在哪些方面？

6. 参加奖励旅游后，会经常和同事谈起这事吗？

7. 您认为是否有必要参与公司奖励旅游活动的前期策划，如目的地选择、行程安排等？

8. 就您参加的奖励旅游活动看，哪些方面您认为是做得不好需要改进的？

9. 参加奖励旅游活动中最看重目的地的哪些品质，如新奇性、自己难以到达或当地的文化风俗？

10. 在奖励旅游活动中，您对安排会议、培训及参观考察这些环节如何看待？

附录4 奖励旅游终端消费者问卷调查

尊敬的女士/先生：

您好！这是一份中山大学旅游发展与规划研究中心博士学位论文调研问卷，我们非常想了解您在参加奖励旅游活动中的一些真实感受和看法，您的回答将对论文结论起到非常重要的作用，希望得到您的支持！所填信息仅供学术研究之用，采用匿名方式且严格保密，请您安心填写。对您的支持与合作，我们表示衷心的感谢！

一、此部分是想了解您期望在参加奖励旅游的活动中获得哪些收获，请就您个人的看法在适当的地方打√。

	非常重要	重要	一般	不太重要	不重要
可以与同行在一起进行业务交流	5	4	3	2	1
对个人以后工作有很大帮助	5	4	3	2	1
可以增进同行之间的了解	5	4	3	2	1
可以建立新的网络或商业关系	5	4	3	2	1
与经常参加此活动的人在一起获得乐趣	5	4	3	2	1
显示自己在工作中取得的成绩，增加荣誉感	5	4	3	2	1
增长见识，开阔视野	5	4	3	2	1
充分感受公司文化增加自豪感	5	4	3	2	1
可以去到自己以前没去过的地方	5	4	3	2	1

续表

	非常重要	重要	一般	不太重要	不重要
可以结交新朋友	5	4	3	2	1
可以感受到公司对自己工作的认同	5	4	3	2	1
可以感受当地的文化风俗	5	4	3	2	1
可以享受个性化的尊贵服务	5	4	3	2	1
可以享受购物乐趣	5	4	3	2	1

二、此部分想了解您在参加奖励旅游的过程中，各种影响因素对您满意度的重要性程度，在适当的地方打√。

酒店服务	非常重要	重要	一般	不太重要	不重要
酒店的硬件设施标准高	5	4	3	2	1
酒店人员对要求服务的响应快	5	4	3	2	1
酒店人员的服务态度好	5	4	3	2	1
酒店的地理位置方便	5	4	3	2	1
酒店提供的信息可靠性高	5	4	3	2	1
酒店配套的休闲设施多	5	4	3	2	1
行程服务	非常重要	重要	一般	不太重要	不重要
行程安排的景点丰富	5	4	3	2	1
行程安排的景点文化特色鲜明	5	4	3	2	1
行程的时间安排合理	5	4	3	2	1
行程中有丰富的休闲活动安排(如自由购物等)	5	4	3	2	1
行程中有安排参观同行公司(交流、讲座等)	5	4	3	2	1
行程中餐饮的种类丰富且有当地特色	5	4	3	2	1
导游服务	非常重要	重要	一般	不太重要	不重要
导游对目的地风俗很了解	5	4	3	2	1
导游的服务意识很好	5	4	3	2	1
导游的协调能力强	5	4	3	2	1
导游提供的信息准确性高	5	4	3	2	1
导游处理突发事情的能力强	5	4	3	2	1

续表

晚宴服务	非常重要	重要	一般	不太重要	不重要
主题晚宴的地点有吸引力	5	4	3	2	1
主题晚宴的餐饮有特色	5	4	3	2	1
主题晚宴的活动内容新奇	5	4	3	2	1
航班交通服务	非常重要	重要	一般	不太重要	不重要
航班的时间安排合理	5	4	3	2	1
航班座位的舒适度高	5	4	3	2	1
地面交通安全及舒适性高	5	4	3	2	1
目的地欢迎服务	非常重要	重要	一般	不太重要	不重要
目的地政府的欢迎程度高(机场欢迎、礼品等)	5	4	3	2	1
目的地居民的友好程度高	5	4	3	2	1
目的地的环境安全性高	5	4	3	2	1

三、此部分是想了解参加奖励旅游活动对您在工作中的影响，请就您个人的看法与感受，在适当地方打√。

	非常同意	同意	一般	不太同意	不同意
更努力工作,继续争取下一次机会	5	4	3	2	1
增加对公司的信心,不会轻易离开公司	5	4	3	2	1
更喜欢公司的企业文化	5	4	3	2	1
更加满意自己的工作环境与职位	5	4	3	2	1
愿意付出额外努力协助公司成功	5	4	3	2	1
积极向同事讲述行程中的乐趣	5	4	3	2	1
鼓励同事一起争取旅游的机会	5	4	3	2	1

四、以下是您的个人信息：请在选定的□中打√。

1. 性别：□A. 男　□B 女
2. 年龄：□A. 25 岁以下　□B. 26 ~ 30 岁　□C. 31 ~ 35 岁　□D. 36 ~ 40 岁　□E. 40 岁以上
3. 文化程度：□A. 初中及初中以下　□B. 高中（或职高）

□C. 本科（或大专）　□D. 研究生及以上

4. 在现任公司的工作年限：□A. 1 年以下　□B. 1 ~ 3 年　□C. 3 ~ 5 年　□D. 5 ~ 10 年　□E. 10 年以上

5. 您最近一次参加奖励旅游的身份是：□A. 公司（或单位）员工　□B. 经销商　□C. 公司客户　□D. 其他人员

6. 公司的行业类别：□A. 医药及保健品　□B. 保险　□C. 化妆品　□D. 汽车制造　□E. 金融　□F. 通信　□G. 高校及科研机构　□H. 其他

7. 公司的性质：□A. 国企　□B. 民企　□C. 外资独资　□D. 中外合资　□E. 其他

8. 在过去 12 个月中，您是否经常外出旅游（公司提供的除外）：□A. 根本没有　□B. 1 ~ 2 次　□. C3 ~ 5 次　□D. 5 次以上　□E. 记不清

9. 您每月收入属于以下哪段：□A. 5000 元以下　□B. 5001 ~ 10000 元　□C. 10001 ~ 15000 元　□D. 15001 ~ 20000　□E. 20000 元以上

问卷到此结束，再次谢谢您的热情参与！

附录5 奖励旅游相关财务及税收政策

<table>
<tr><th>序号</th><th>名称
颁布时间</th></tr>
<tr><td>1</td><td>《企业所得税法实施条例》
财会[2009]7号</td></tr>
<tr><td colspan="2">内容:企业所得税:若单位对全体职工或部分业务突出的人员以旅游形式作为奖励,该项支出属于与员工任职或者受雇有关的其他支出,应作为工资薪金。①企业发生的合理的工资薪金支出,准予所得税扣除;②企业发生的与生产经营活动有关的业务招待费支出,按照发生额的60%扣除,但最高不得超过当年销售(营业)收入的5‰——旅游费用在业务招待费中列出。</td></tr>
<tr><td>2</td><td>《关于印发工会会计制度工会新旧会计制度有关衔接问题的处理规定的通知》财会[2009]7号</td></tr>
<tr><td colspan="2">内容:单以工会的名义组织为企业工会会员享有的奖励旅游指标,该项旅游费支出应从企业工会中列支。企业拨缴的工会经费,不超过工资薪金总额2%的部分,准予扣除;——旅游费用在工会费中列支。</td></tr>
<tr><td>3</td><td>《关于企业以免费旅游方式提供对营销人员个人奖励有关个人所得税政策的通知》财税[2004]11号</td></tr>
<tr><td colspan="2">内容:个人所得税:应与当期的工资薪金合并,按照工资薪金所得项目征收个人所得税,否则,被税务部门查处,除了补交税款外,还需缴纳滞纳金和罚款;对其他人员享受的此类奖励,应作为当期的劳务收入,按照劳务报酬所得项目征收个人所得税,并由单位代扣代缴。</td></tr>
</table>

续表

序号	名称 颁布时间
4	《国家税务总局关于企业工资薪金及职工福利费扣除问题的通知》 国税函[2009]3号
内容:若企业对本单位职工或个别人员的旅游奖励,单位可凭旅行社发票并提供相关奖励的凭证、人员名单等相关资料,可作为工资薪金支出,按规定在企业所得税中扣除,并要履行代扣代缴个人所得税义务。旅游费用不包括在福利费用中;——旅游费用不得在福利费中列支;旅游费用作为工资薪金列出——可在企业所得税中扣除;但要交个人所得税。	
5	《关于规范个人投资者个人所得税征收管理的通知》 财税[2003]158号
内容:除个人独资企业、合伙企业以外的其他企业的个人投资者,以企业资金为本人、家庭成员及其相关人员支付与企业生产经营无关的消费性支出及购买汽车、住房等财产性支出,视为企业对个人投资者的红利分配,依照"利息、股息、红利所得"项目计征个人所得税;假若公司组织旅游不是普通员工而是股东,对股东的这项所得不能按"工资、薪金所得"项目计算扣缴个人所得税。	

后　记

此书基本是在我博士学位论文的原稿上完成的。

奖励旅游在国内是一个新的且敏感的研究领域。西方背景下对企业 ROI 的关注，对奖励旅游社会意义的关注等都无法在国内奖励旅游实践中找到研究的基础，加之文献资料的极度缺乏让我在开题之后的很长一段时间内很困惑，纠结于“研究问题”的寻找中，也曾想过放弃。但研究的目的是什么？研究就是去发现未知。即使不能在一个成熟的理论框架下去演绎、验证一个具体的问题，基于客观事实的分析与归纳，细致的描述与解释同样可以丰富人们在此领域的认识，启发人们更深层次的思考，想到这些，即使冒着风险，面对很多困难，也要具备一个学者应该坚持的充分理由。

研究的过程是辛苦的。三年来，我从不敢懈怠，放弃了家庭及单位组织的所有娱乐活动，辞去了系主任的工作和教学以外的所有工作，将教学工作量降到规定的最低限度，因为我深知重返校园机会的宝贵和保持一份平静的研究心态的重要性。调研中，约好的访谈常因为受访者的临时“会议”而让我“有时间”在街头闲逛上一两个小时；企业调研期间一个多星期的“冷板凳”也让我做好了调整心态的充分准备；资料整理与分析过程更是让我殚精竭虑；在论文写作的三个月中，脊柱、肩颈也多次发出了严重警示。每当回想起这些，留在心中的只有收获、充实和淡淡的释然。

论文的完成得到了太多人的帮助和支持，在此表示我深深地感激之情。

感谢导师保继刚教授！是保老师将我带进这个学术殿堂，让已有10多年从教经历的我懂得了什么是好的研究，研究的价值是什么，少了些“门外汉”的遗憾，也体会到了研究的乐趣，三年来导师的教诲铭记在心，感激之情萦绕于怀。

从初进师门的敬畏到论文选题、调研、写作过程中遇到困惑时与导师的沟通，我感触到的是一个宽容而又充分尊重个体差异的师长，每次电邮、短信的简短回复，总能让我在“关键环节”感受到信心与勇气！从导师身上我更感受到了作为教师“教书育人”那种神圣职责的含义所在。导师教给我的是对待学术研究的态度和研究过程中应有的执着与坚毅，这比教给我具体的知识更重要。从学术规范到研究贡献，从“用脚做研究”到学术问题的提炼，导师严谨的学术作风、高瞻远瞩的“问题”意识及在纷繁世界中始终保持的那份学者的冷静与谦逊，将永远鞭策着我的工作与生活，不管将来我的学术道路是长是短，学术环境是好是坏。

感谢徐红罡老师，还记得刚入学的新生见面会上，徐老师说：在中大这个平台里学习，我们要承认个体的差异，只要你每天都有进步，不浮躁，就会有收获；这让当时诚惶诚恐的我得到了些许安慰！三年来徐老师缜密的思维、淡定的态度及润物细无声似的教育方式让我备感亲切，收获良多！

感谢罗秋菊老师，从最初的考博到读书期间的磕磕绊绊，真诚率直的罗老师给了我很多鼓励与安慰，罗老师对会展业的深刻感受和独到见解，给了我很多启发。

感谢孙九霞老师，还记得一次生病，孙老师告诉我要吃些中药调理，不然做事情就没有效率，话语之间充满了理解，让我收获了些许温馨与感动！

感谢张朝枝老师，他对旅游研究的体会及对在论文开题时提供了很多有益的帮助，与张老师的几次交谈让我备受启发！

感谢左冰老师，还记得在张家界机场与左老师的交谈，让我受益匪浅；感谢张骁鸣老师还记得刚开题后寻找研究问题时与张老师的交谈！

感谢广东省旅行社协会会长李建奇先生，他对行业敏锐的洞察力、豁达热情的态度及对青年学者的关爱在我寻找访谈对象及问卷调查过程中给予了极大的支持，唯有寄期望此研究能对行业发展起到一定的启示作用来表达心中深深的谢意！

感谢广之旅旅行社国际旅行社有限公司的董事长卢建旭先生及奖励旅游中心总经理蔡亮先生，他丰富的从业经验和灵活善变的思维，在我每次和他的交谈中都收获良多，感谢他对我经常“刨根问底”式的追问所表现出来的容忍和理解！

感谢广东羊城之旅国际旅行社公司康王路门市部总经理何伟先生在问卷调查中给予的无私帮助！感谢广东青旅总经理李协居先生、广东羊城之旅国际旅行社有限公司副总经理董文利先生、广州康辉国际旅行社有限公司国际商务会奖中心副总经理郭隆滨先生、广州交易会国际旅行社有限公司旷雄杰先生能在百忙之中接受访谈！

感谢广东中旅市场部叶露小姐、广东国旅总经理秘书梁先生及各位导游在问卷发放、回收过程中提供的鼎力帮助！

感谢广州发展集团有限公司工会副主席臧亚利先生、广东省企业培训协会吴敏华先生、中国石油化工股份有限公司广州分公司刘晓宁女士、广州立白企业集团有限公司总裁助理许晓东先生、信诚人寿保险公司广州分公司的陈昌荣先生、友邦保险广东分公司的黄先生、中国人寿保险公司办公室主任孙先生及其他一些素未谋面接受电话访谈的企业人士，正是他们基于各自企业特点的奖励旅游的描述与客观分析，勾画出中国奖励旅游的现状，更丰富了研究的素材。特别要感谢信诚人寿保险公司广州分公司的胥京辉女士，她乐于助人、热情好客，在奖励旅游者访谈对象的寻找及问卷预测时提供了大量帮助。

感谢家人，他们是我永远的港湾。特别是我先生他放弃了很多自己在工作、学习中的机会，支持我读书，在我遇到困难时总是鼓励我，在我情绪低落时总是陪伴在我身边。还要感谢我上小学五年级的儿子，学习上没有让我过多的操心，也没有因为妈妈的少于陪伴而疏远。

最后要感谢出版社编辑们的耐心细致工作，正是在众多人的支持与帮助下才成就了此书的出版，再次表示深深的谢意。

图书在版编目（CIP）数据

奖励旅游组织市场探究：以广州为例 / 李晓莉著
. -- 北京：社会科学文献出版社，2016.12
（广州大学·青年博士学术文库）
ISBN 978 - 7 - 5097 - 9942 - 0

Ⅰ.①奖…　Ⅱ.①李…　Ⅲ.①旅游市场 - 市场开发 - 研究 - 广州　Ⅳ.①F592.765.1

中国版本图书馆 CIP 数据核字（2016）第 268807 号

·广州大学·青年博士学术文库·
奖励旅游组织市场探究
——以广州为例

著　　者 / 李晓莉

出 版 人 / 谢寿光
项目统筹 / 宋月华　杨春花
责任编辑 / 范明礼

出　　版 / 社会科学文献出版社·人文分社（010）59367215
地址：北京市北三环中路甲 29 号院华龙大厦　邮编：100029
网址：www.ssap.com.cn
发　　行 / 市场营销中心（010）59367081　59367018
印　　装 / 三河市东方印刷有限公司

规　　格 / 开 本：787mm × 1092mm　1/16
印 张：15.25　字 数：198 千字
版　　次 / 2016 年 12 月第 1 版　2016 年 12 月第 1 次印刷
书　　号 / ISBN 978 - 7 - 5097 - 9942 - 0
定　　价 / 98.00 元